Die Handlung beruht auf tatsächlichen Erlebnissen des Autors, ein Teil der Personen sind real und werden mit ihren echten Namen benannt. Bei bei einem Teil der Personen wurden aus Gründen der Wahrung des Persönlichkeitsrechts die Namen verändert.

© 2019 – NeoPubli Alle Rechte vorbehalten
1. Auflage 2019
Copyright: Dieter Aurass
Ringstr. 27
56218 Mülheim-Kärlich
Umschlaggestaltung: Dieter Aurass ©
Printed in Germany
ISBN 978-3-748519-04-1

Helmut Lorscheid
Freier Journalist
Adrianstr. 159 D 53227 Bonn

Widmung

Für alle fleißigen, gutwilligen, menschlichen, wohlmeinenden und fähigen Beamten, von denen es mehr gibt, als die meisten Menschen sich träumen lassen.

Vorwort

Ich habe mich schon immer gefragt, warum das Vorwort „Vorwort" heißt. Ein Vorwort wäre in meinen Augen der schlichte Imperativ: Lies!
Besser würde es wohl *»Ein paar einleitende Worte zum warm werden«* oder *»Warum sie ab hier weiterlesen sollten«* heißen. Also lassen sie mich ein paar Worte finden, die ihnen einen Eindruck vermitteln, was sie möglicherweise erwartet.

Gleich zu Beginn eine dringende Warnung! Dieses Buch ist *KEINE* Fiktion. Es handelt sich durchgängig um Tatsachenschilderungen, die mit meinen Kommentaren, Einschätzungen und Erkenntnissen aus diesen Geschehnissen gewürzt sind.

Allerdings besteht tatsächlich die Gefahr ernsthafter Enttäuschung über einen Berufsstand, von dem die geneigte Leserin oder der geneigte Leser bisher sehr wahrscheinlich eine völlig andere und vermutlich höherwertige Vorstellung hatte.

Selbstverständlich wurden alle Namen existenter Personen zur Wahrung ihrer Persönlichkeitsrechte geändert - es sei denn, es handelt sich um Personen der Zeitgeschichte, wie Politiker, bekannte und verurteilte Terroristen oder berühmte Spione (wobei die Nennung dieser drei Gruppen in einem Atemzug wirklich nichts implizieren soll).

Ich war bis vor kurzem selbst Polizist - und das über einundvierzig Jahren lang. Deshalb habe ich den Anspruch, so wahrheitsgemäß wie möglich zu berichten, ohne all den Straftätern, die dieses Buch vielleicht auch lesen, allzu große Hoffnungen machen zu wollen. Ich kann ihnen nur raten: Nehmen Sie sich in acht! NICHT ALLE Polizisten (noch nicht einmal die meisten) sind Idioten, unfähig, Lachnummern, faul oder verrückt, selbst wenn beim Lesen dieses Buches ein solcher - falscher - Eindruck entstehen könnte.

Die hier geschilderten Personen dieser Kategorien sind eine sehr, sehr, wirklich sehr kleine Auswahl der besonderen Art. Es sind die, an die ich mich am besten erinnere, weil ich mich über sie kaputtgelacht oder fast zu Tode geärgert habe.

Die beschriebenen Behörden zählen zu den angesehensten und professionellsten, die es in Europa gibt. Die Mängel, die hier immer wieder genannt werden, haben ihre Ursache in zwei grundlegenden Problematiken, die wohl kaum aus der Welt zu schaffen sind, nämlich:

dass ihre Mitarbeiter ganz normale Menschen sind, mit all ihren Schwächen, Fehlern, Problemen, Süchten und Sehnsüchten und

dass das Beamtengesetz an sehr vielen Stellen dringend reformierungsbedürftig wäre, aber kaum eine Veränderung erfährt.

Dieses Buch soll auch keine Biographie darstellen. Erstens bin ich kein abgehalfterter Tennisstar oder betrügerischer Radrennfahrer und zweitens würde wohl kaum jemanden die »Biographie eines Niemand« interessieren. Dass ich Teile aus meinem Leben und Werdegang schildern muss, liegt daran, dass nur in ihrem Zusammenhang die Personen und Ereignisse, um die es hier geht, verstanden werden können. Die meisten der komischen, tragischen und tragikomischen Geschehnisse spielten sich halt in meinem persönlichen Umfeld ab.

Ich selbst habe mich tatsächlich genauso wie viele der seltsamen Figuren auf meinem Lebensweg das eine oder andere Mal nicht gerade mit Ruhm bekleckert. Das will ich natürlich weder verhehlen noch verschweigen und werde demzufolge auch wahrheitsgemäß und schonungslos über meine eigenen tragischen und komischen Erlebnisse berichten.

Rückblickend kann ich guten Gewissens sagen, dass mein Berufsleben eine supertolle Zeit voller interessanter Ereignisse und Menschen war - in der ich unverhältnismäßig viel zu lachen hatte. Das liegt aber zum Teil wohl auch an meinem Naturell, fast alles von der heiteren Seite zu sehen und den meisten negativ erscheinenden Ereignissen etwas Gutes abzugewinnen. Schon nach drei Vierteln meines Berufsweges habe ich einmal bei einem sehr frustrierenden Vorgang den Spruch geprägt:

»Ach was soll's. Ich sehe das alles hier eigentlich inzwischen nur noch als bezahlte Unterhaltung!«

Diese Einstellung hat vermutlich dazu beigetragen, dass ich mich bis heute weder aus Frustration mit meiner eigenen Dienstwaffe erschossen, noch einem bei vielen Beamten inzwischen so beliebten Burnout (Tendenz steigend) zum Opfer gefallen bin.

Auf meinem Lebens- und Berufsweg habe ich aber auch eine große Zahl sehr beeindruckender Menschen kennengelernt. Menschen, bei denen ich stolz darauf bin, ihnen begegnet zu sein. Menschen, bei denen ich mir vorgenommen habe, ihnen nachzueifern oder mir ihre Verhaltensweisen und Lebenseinstellung zum Vorbild zu nehmen.

Aber dieses Buch soll auch eine Abrechnung mit den Kollegen und Vorgesetzten sein, bei denen ich eine oft erschreckende Inkompetenz - sowohl menschlich als auch fachlich -, völlige Ahnungslosigkeit und die für mich nie nachvollziehbare Gleichgültigkeit gegenüber menschlichen Schicksalen und Bedürfnissen anderer feststellen musste.

Vorsorglich bitte ich all diejenigen, die sich möglicherweise hier selbst erkennen um Verzeihung. Vielleicht tröstet es euch, dass die allerwenigsten der Leser euch erkennen werden. Und wenn doch - habt ihr nicht auch immer gesagt: »Das Leben ist kein Wunschkonzert!«?

Bei Einigen habe ich mich dafür entschieden, ihre wahren Namen zu nennen, denn sie waren meine großen Vorbilder und ich verdanke ihnen alles: nämlich, dass ich bin, wie ich bin - und dass ich das auch gut finde.

Kennen Sie das »Peter-Prinzip«? Nein?

Nun ja, ich habe es selbst erleben und darunter leiden dürfen, weshalb ich der Meinung bin, dass es hier nicht unerwähnt bleiben darf.

Eigentlich muss man es als "Das Pieter-Prinzip" aussprechen, denn der (Er)finder war ein Amerikaner, der diese These Ende der Neunzigerjahre aufgestellt hatte und mit Nachnamen eben PETER hieß. Da ich die Auswirkungen in der Realität erlebt habe, möchte ich es garnichtmehr als These bezeichnen - denn es ist wirklich so!

Es wird uns noch mehrfach in diesem Buch begegnen, ist mit ein Grund dafür, dass ich es überhaupt geschrieben habe, und muss deshalb an dieser Stelle erläutert werden.

Peters Aussage ist, dass jedes Mitglied einer ausreichend komplexen Hierarchie so lange befördert wird, bis es das Maß seiner absoluten Unfähigkeit erreicht hat, was in der Regel das persönliche Maximum der Karriereleiter markiert und weitere Beförderungen ausbleiben lässt. (Na ja, abwarten - da geht doch noch mehr!)

Peter behauptete: „Nach einer gewissen Zeit wird jede Position von einem Mitarbeiter besetzt, der unfähig ist, seine Aufgabe zu erfüllen.

Deutschland hat zum Glück für uns alle eine natürliche Bremse eingebaut, sonst wäre jede Behörde, jede größere Organisation und jede große Firma nur noch von Menschen besetzt, die alle unfähig wären, ihre Arbeit in dem geforderten Maß zu erledigen. Bei uns Beamten ist diese Bremse die Schlankheit der Hierarchiepyramide, das heißt: an der der Spitze ist nicht genug Platz dafür, weitere Leute dort zu platzieren, die sich dann als unfähig erweisen würden. Somit bleibt zum Glück auch manch fähiger Kopf an seinem oder ihrem Arbeitsplatz.

In der Regel funktioniert es so, dass man feststellt, dass der Müller oder Meier ein wirklich guter Mann ist. Also wird er befördert und erhält eine bessere Position mit oft zusätzlichen oder sogar ganz anderen Aufgaben. Denen ist er unter Umständen dann aber nicht wirklich gewachsen. Das Schlimme an der Sache ist aber, dass das Beamtentum unter dem fehlenden Rückweg leidet. Die Regularien verbieten diesen sogar selbst dann, wenn man selbst merken würde, dass man sich in der neuen, höheren Position als unfähig erweist. Der Weg zurück ist versperrt, denn mit einem neuen, höheren Dienstgrad kann man nicht auf seine alte Arbeitsstelle zurück. Und jetzt mal ganz ehrlich: Würden Sie die neue Position, die ja eigentlich immer auch mit mehr Geld verbunden ist, einfach aufgeben, nur weil Sie unfähig sind?

Für die Untergebenen, die unter dieser Unfähigkeit ihres oder ihrer Vorgesetzten leiden, gibt es jetzt unter Umständen nur noch einen Ausweg aus dem Dilemma, den unfähigen und deshalb ungeliebten Chef loszuwerden: die Steigerung des Peter-Prinzips = Wegloben!
Niemand will den Unfähigen haben, es sei denn, man macht ihn Anderen schmackhaft, indem man ihn in höchsten Tönen lobt, bis er erneut befördert wird und man ihn endlich los ist.

Bisweilen habe ich ganz persönlich den vielleicht täuschenden Eindruck, dass auf genau diese Weise das Europaparlament besetzt wird.

Ich selbst habe einmal auf eine Beförderung verzichtet, weil damit der erzwungene Weggang aus einem Arbeitsbereich verbunden gewesen wäre, der mir lag, in dem ich mich wohlfühlte und demzufolge auch nicht so schlecht war. Ich glaube nicht, dass Sie sich vorstellen können, wie schwierig es im Beamtentum ist, auf eine Beförderung zu verzichten. Sie glauben nicht, was mir der Vertreter des Personalrates sagte, als ich ihm verkündete: "Nein, wenn ich dann hier weg muss, dann will ich nicht befördert werden."

Er riss die Augen auf, sah mich völlig ungläubig an und gab mir die Antwort: "Das geht aber nicht, auf eine Beförderung kannst du nicht verzichten!"

Soviel zur Qualifikation mancher Berufsvertreter. Ganz offensichtlich hatte er vergessen, dass eine Beförderung erst dann wirksam wird, wenn ich die Urkunde unterschreibe. Man nennt so etwas im manchmal so lustig klingenden Beamtendeutsch einen "zustimmungspflichtigen Verwaltungsakt". . Kommen Sie jetzt wegen des Begriffs "...akt" nicht auf falsche Gedanken. Natürlich ist es immer wieder ein ganz schöner Akt, bis mal was passiert, aber das ist eben ganz anders gemeint. Als ich meinen Kollegen Personalrat auf seinen Lapsus aufmerksam gemacht hatte, indem ich feststellte: "Na dann unterschreib ich einfach die Urkunde nicht. IHR zwingt mir keine Beförderung auf, die ich nicht will!", sah er mich einen Moment lang ziemlich hilflos an.

Aber ich hatte die Rechnung mal wieder ohne den Wirt gemacht. Er setzte noch einen drauf: "Ja, ja, das sagst du JETZT. Aber wenn wir dich auf deinem Posten lassen und du hast die Urkunde in der Hand, dann unterschreibst du doch.

Und dann?" Nun war es an mir, einen kurzen Augenblick lang ratlos zu sein.

Das ganze Spiel gipfelte darin, dass ich schriftlich versichern musste - also so eine Art Verzichtserklärung in Form einer Willensbekundung -, dass ich eine Beförderungsurkunde nicht unterschreiben würde.

Fazit: einen guten und befriedigenden Job behalten - Beförderung erfolgreich abgewehrt. Ich weiß ich weiß, ich bin ein Held. Vielen Dank.

An dieser Stelle möchte ich aber auch noch ein abschließendes Wort an alle jüngeren Menschen richten, die seit ihrer Kindheit den Wunsch hegen, Polizeibeamter zu werden. Vielleicht auch an die Eltern solcher jungen Menschen.

Es ist einer der am meisten erfüllenden Berufe, die man sich vorstellen kann - na ja, sagen wir mal: Es kann einer der am meisten erfüllenden Berufe sein. Wenn man nicht gerade zur Riege der normalen Polizisten gehört, die Streife fahren, täglich ihr Leben auf der Straße riskieren, ab und zu auch mal eine aufs Maul kriegen oder sich von Besoffenen bekotzen und von jungen Rüpeln beleidigen lassen müssen. Das ist eine Erfahrung, die man mal gemacht haben muss, die ich aber niemandem wünsche und die auch nicht ein Leben lang anhalten sollte. Dem gegenüber steht aber das gute Gefühl, vielleicht doch das eine oder andere Mal für Gerechtigkeit gesorgt zu haben, einen Verbrecher zur Strecke gebracht zu haben oder einfach nur einen Beitrag für die Sicherheit der Bürger geleistet zu haben.

Es ist ein gutes Gefühl, auch wenn es einem nie so wirklich gedankt wird. Letztendlich bleiben wir wohl immer "die Bullen", die keiner so gerne sieht, da sie ja diejenigen sind, die uns Strafzettel schreiben oder auf Fehlverhalten aufmerksam machen.

Außer, wenn man sie braucht: Dann sieht man uns schon ganz gerne.

Der Beruf bietet eine solche Vielfalt von Möglichkeiten, für jeden Typ von Mensch, für jedes Geschlecht und für fast alle Interessengebiete. Von Ermittlungen im Wirtschaftskriminalitätsbereich bis zum Rotlichtmilieu, vom Stöbern in Akten bis zum Umgang mit Menschen, vom beschaulichen Schreibtischjob bis zum aufregenden Einsatz in Sonderkommandos wie SEK, MEK oder GSG9. Es braucht vielleicht manchmal ein wenig Durchhaltevermögen, bis man den Traumjob seiner Wahl endlich erhält, aber ... in welchem

Beruf hat man schon von Anfang an sein Traumziel erreicht? Sicherlich wird es auch immer diejenigen geben, die ihr Ziel nie erreichen, aber auch das ist in anderen Berufen nicht anders.

Und trotz allem bin ich der Meinung, noch heute jeden jungen Menschen, der diesen Berufswunsch hegt, nicht nur NICHT von seinem Berufswunsch abbringen zu wollen, sondern ihn sogar darin zu bestärken.

ICH habe es jedenfalls nie bereut, auch wenn ich als Zahnarzt, Rechtsanwalt oder Architekt vermutlich wesentlich mehr Kohle verdient hätte.

Vorspiel: die Entscheidung für den Beruf

Sie werden sich fragen: Wie kommt jemand auf die Idee, nach einem halbwegs passablen Abitur ausgerechnet zur Polizei zu gehen?

Die Frage ist berechtigt, zählte ich doch bei meinem Abiturjahrgang 1974 zu den lediglich zwei Prozent, die nicht den Weg zur Uni eingeschlugen. Aber warum?

Ich hatte es satt, weiterhin zu lernen. Ich hatte es satt, kein eigenes Geld zur Verfügung zu haben. Ich hatte es satt, von meinen Eltern abhängig zu sein.

Da ich eigentlich ein Studium der Rechtswissenschaften angestrebt hatte und noch kurz vor dem Abi ein berühmter Rechtsanwalt wie z.B. Bossi werden wollte, machte ich mich danach auf die Suche nach einer möglichst ähnlichen Tätigkeit. Für Recht und Gerechtigkeit zu kämpfen, konnte man doch auch bei der Polizei - dachte ich mir.

Damit Sie verstehen, warum ich wurde, was ich bin, muss ich ein paar kurze Erläuterungen machen:

Ich wurde in Frankfurt am Main geboren und bin dort aufgewachsen. Bereits 1968 - ich war damals dreizehn Jahre alt - machten Andreas Baader und seine Komplizen in Frankfurt durch Brandanschläge auf sich aufmerksam. Sie wurden später als die Baader-Meinhof-Bande und noch später als die RAF bekannt. 1972 wurden Baader, Ensslin, Meinhof, Raspe und andere verhaftet. Das war zwei Jahre vor meinem Abi. 1973 wurde die 3. Fassung des BKA-Gesetzes geschaffen und das Bundeskriminalamt, dessen Zentrale sich schon damals, wie auch noch heute, unweit von Frankfurt in Wiesbaden lag, war auf einmal in aller Munde, da bei ihm ab diesem Zeitpunkt die deutschlandweite Zuständigkeit für Terrorismus und Staatsschutz lag. Gleichzeitig wurden dort zwei neue Abteilungen gegründet: die Abteilung TE (Terrorismus) und die Abteilung ST (Staatsschutz). Von denen werden sie später noch mehr lesen.

Was lag also näher, als mich mit dem Abi in der Tasche genau bei dieser Polizei zu bewerben. Ein zusätzlicher Pluspunkt war für mich zu dieser Zeit, dass der Polizeidienst von der Pflicht des Wehrdienstes bei der Bundeswehr befreite. Und da ich damals wirklich keinen Bock hatte, mich mit gleichaltrigen Jungs von irgendwelchen Ausbildern durch den Schlamm hetzen zu lassen, fiel mir die Entscheidung nicht schwer.

Man stelle sich vor, solche Ausbilder waren nach meinen Kenntnissen noch nicht mal Offiziere und hatten demzufolge auch kein Abitur. Absolut unvorstellbar!

Gesagt getan: Bewerbung geschrieben, zum Test eingeladen worden, nach Wiesbaden gefahren - und dann saß ich dort, zusammen mit dreißig anderen Jungs und Mädels und ließ mich drei Tage lang testen.

Mein erster Schock kam, als ich mit einigen anderen Bewerberinnen und Bewerbern auf die Tests wartete und feststellte, dass die nicht wie ich in einem mitgebrachten Perry Rhodan - Science-Fiction-Heftchen lasen, um die Wartezeit totzuschlagen, sondern alle den Spiegel, die Frankfurter Rundschau oder andere aktuelle Presseorgane studierten. Ich kam mir ehrlich gesagt ein wenig blöd vor.

Nun war ich schon immer ziemlich skeptisch und bin es noch heute, was die Qualität von Eignungstest angeht. Auf jeden Fall zog ein intellektuellen Zeitungsleser nach dem anderen mit eingezogenem Schwanz von dannen und ich ... blieb zu meiner Überraschung übrig. Wenn ich ganz ehrlich bin, kam ich mir damals wie ein Hochstapler vor, der es auf irgendeine Weise geschafft hatte, etwas vorzugaukeln, was er nicht hatte: Intelligenz und die Eignung für den Beruf des Kriminalisten.

Dennoch hatte man mir genau das bescheinigt und ich hatte die Papiere mit der Zusicherung der Einstellung bei der Kriminalpolizei des Bundes in der Hand. Eine Woche später kam mein Einberufungsbescheid zur Bundeswehr. Nach einem kurzen Schockmoment machte ich mich mit meinen Einstellungsunterlagen des BKA auf zum Kreiswehrersatzamt und erlebte dort den Schock meines bis dato noch kurzen Lebens.

Ich konterte die in meinen Augen unberechtigte Einberufung mit der Bemerkung: »Da muss ja wohl ein Missverständnis vorliegen. Sie haben mir zwar eine Einberufung geschickt aber ich bin doch vom Wehrdienst befreit, ich habe nämlich hier die Zusage der Polizei.« Die Dame vom Kreiswehrersatzamt nahm die ihr voller Stolz überreichten Unterlagen in die Hand und studierte sie aufmerksam.

Mit einem etwas hämischen Grinsen reichte sie mir die Unterlagen zurück und bemerkte: »Nein. Kein Missverständnis. Der Polizeidienst befreit zwar vom Wehrdienst, aber Sie wollen ja zum BKA.« Sie musste mir mein Unverständnis angesehen haben, denn sie ergänzte: »Das ist ja keine *RICHTIGE* Polizei!«

Nach zwei Wochen großer Unsicherheit bei mir und einem regen Schriftwechsel zwischen der Rechtsabteilung des BKA und dem Kreiswehrersatzamt klärte es sich insofern auf, dass auch der Dienst beim BKA vom Wehrdienst befreite. Also doch: Bundeswehr - Du kannst mich mal! BKA - ich komme!

Dennoch dachte ich in den kommenden Jahren noch oft an die Aussage der Dame vom Kreiswehrersatzamt. Der Spruch hätte mir zu denken geben müssen. Irgendwie musste sie ja auf diesen Gedanken gekommen sein.

Aber zu dieser Zeit tendierte ich noch nicht zu zweifelnden und misstrauischen Überlegungen. Ich hatte ihn in der Tasche: den sicheren Job als unkündbarer Beamter, als Kämpfer für die Gerechtigkeit, als Beschützer der Witwen und Waisen und mit Aussicht auf Pension. Was wollte man mehr?

Es kann sein, dass ich an dieser Stelle die Reihenfolge und Wertigkeit der einzelnen Aspekte ein wenig durcheinandergeworfen habe, aber das war mir alles irgendwie wichtig.

***

Der Termin für den Beginn der Ausbildung stand fest und am ersten Tag wurden wir vereidigt, also leisteten wir einen Treueschwur auf die Bundesrepublik Deutschland und hörten uns dann noch eine Rede zu unserer Begrüßung an. Ich weiß heute wirklich nicht mehr, wer die hielt, aber ein Spruch wird mir immer in Erinnerung bleiben. Damals fand ich ihn toll, er machte mich stolz und ich fühlte mich gut. Die Ernüchterung und was der Spruch bei manchen meiner Kolleginnen und Kollegen angerichtet hat, wurde mir erst viel später bewusst:

»Meine Damen und Herren, machen Sie sich immer eines bewusst - Sie sind etwas ganz Besonderes. Sie wurden aus zweitausend Bewerbern ausgewählt. Fünfzig aus zweitausend. Denken Sie immer daran, Sie sind die Creme de la Creme der deutschen Polizei. Bitte vergessen Sie das nie und verhalten Sie sich entsprechend.«

Leider, leider, haben manche von uns das nicht nur falsch verstanden, sondern sich das auch so zu Herzen genommen, dass sie sich genauso verhalten haben.

Wiederholt habe ich erleben müssen, dass Kolleginnen und Kollegen sich selbst als etwas

»Besseres« gesehen haben und diese Einstellung anderen gegenüber sehr, sehr deutlich gemacht haben. Ich schäme mich heute noch für diese Kollegen, aber muss man sich wirklich wundern, wenn jungen Leuten ohne jegliche Lebenserfahrung so ein Stuss erzählt wird?

Erste Station: Ausbildung

Der Start des neuen Lebensabschnitts gestaltete sich wirklich sehr profan. Ich hatte mir das anders vorgestellt. Das Allererste, was uns vermittelt wurde - waren Versicherungen und Mitgliedschaften.

Die meisten von uns kamen direkt von der Schule, hatten noch keinen Beruf erlernt, waren bei den Eltern mitversichert (Krankenversicherung, Haftpflicht und das ganze Spektrum) und hatten (hallo: Abiturienten!) nicht wirklich eine Ahnung, wofür der Anschluss an eine Berufsvertretung oder Gewerkschaft gut sein sollte.

Also gaben sich die Vertreter von Debeka, Iduna, Allianz, und wie sie alle hießen, die Klinke in die Hand, versuchten uns zu überzeugen, wie wichtig eine Haftpflichtversicherung sei und welche Krankenversicherung welche Vorteile habe. Ich sah mich im Alter von neunzehn Jahren damit konfrontiert, wie schlimm es war, wenn einem alle Zähne ausfallen und was der Vorteil einer Chefarztbehandlung und eines Einzelzimmers im Krankenhaus sein konnte. Die Herren von den Versicherungen wechselten sich mit den Vertretern der verschiedenen

Berufsverbände ab, ob Beamtenbund, Gewerkschaft der Polizei oder Bund Deutscher Kriminalbeamter. Da die wenigstens von uns von irgendwas eine Ahnung hatten, gingen sie den Weg des geringsten Widerstandes: Sie schlossen beim ersten Vertreter alles ab, was es gab und hatten den Vorteil, ab da den Anderen nicht mehr zuhören zu müssen.

Was ich gleich zu Beginn der Ausbildung als nettes Schmankerl empfand, war der Umstand, dass unsere Ausbildungsgruppe zu gleichen Teilen aus Jungs und Mädels bestand. Das versprach viele Möglichkeiten der Art von Kontaktpflege, der Jungs in diesem Alter nicht abgeneigt sind. Erst viel, viel später erfuhr ich, dass das kein Zufall war.

Einer unserer Fachlehrer, ein offensichtlicher Vertreter der Meinung, dass Frauen bei der Polizei nichts zu suchen hätten, machte seinem Frust einmal Luft. Man habe diese Zusammensetzung zu gleichen Teilen gewählt, aber nur deshalb, weil man bei Einstellung der besten Fünfzig des Auswahlverfahrens nach den Testergebnissen eigentlich nur einen eingeschlechtlichen Lehrgang gehabt hätte - ausschließlich Frauen!

Das sei natürlich absoluter Quatsch, denn Frauen hätten nur deshalb die besseren Noten im Abi und bessere Testergebnisse, weil sie besser auswendig lernen, sich intensiver vorbereiten, einfach strebsamer und konzentrierter auf ein Ziel hin arbeiten und grundsätzlich fleißiger seien. Das sei natürlich alles Blödsinn, im Hinblick darauf, wer den besseren Kriminalbeamten abgäbe, denn sowas läge einem im Blut und man könne es gar nicht testen.

Soviel zu der Aussage ‚Creme de la Creme' und ‚Sie sind die Besten'. Viele unserer Jungs haben sich von diesem Niederschlag nie erholt und hegen seit diesem Tag die gleichen unsinnigen Vorbehalte gegen Frauen in unserem Beruf.

Männer sind da eben etwas einfacher gestrickt und setzen ihre Prioritäten einfach anders.

Ein gutes Beispiel dazu war unsere Kleiderordnung. Wir empfanden uns als auf der Schulbank sitzend, was lag also näher, dass die meisten sich auf wie in der Schule kleideten. Das bedeutete zu dieser Zeit schon Jeans, Turnschuhe und T-Shirt.

Bis zu dem Tag, als unser Lehrgangsleiter die Fraktion der leger Gekleideten zu sich in sein

Büro einbestellte und ihnen unmissverständlich klarmachte, dass ‚Unterhemden' als Oberbekleidung nicht geduldet würden. Dies sei dem Ansehen des Berufs abträglich und würde bei den Bürgern den Eindruck erwecken, das BKA bestände aus Hippies und Drogenabhängigen.

Ich war verblüfft, geschockt und dachte sofort darüber nach, welche Art von Garderobe angebracht sei.

Einer meiner Mitschüler war da wesentlich schlagfertiger. Mit einem vernehmlichen »Pah ... Woll´n se´n Dressman oder´n Killer?«, machte er seine Einstellung zu dem Beruf überdeutlich.

Ich wollte eigentlich kein Killer sein, also entschied ich mich für den Dressman. Fortan war ich in der Regel schicker gekleidet als unsere Dozenten. Während sie in Cordhosen, gemustertem Jackett und dazu nicht immer passender Krawatte erschienen, trug ich dann eher einen dreiteiligen Anzug, rauchte Zigaretten mit einer schicken Zigarettenspitze und hatte schnell einen gewissen Ruf:

Egal was er macht, er übertreibt alles immer gleich maßlos!

Apropos Killer: Die gleich zu Beginn unserer Ausbildung startende Einweisung in die Nutzung einer Schusswaffe - also, die hatte schon was. Zu dieser Zeit nutzte die Polizei noch die Walther PPK (Fa. Walther, Polizeipistole klein). Wir waren stolz, die gleiche Waffe wie James Bond benutzen zu dürfen. Sie war wirklich klein, leicht zu verstecken, von geringem Kaliber und heutzutage würde jeder anständige Polizist sich weigern, mit einer »Kinderpistole« ausgestattet zu werden, deren Effektivität zumindest zweifelhaft ist. Aber das war zu dieser Zeit der Standard bei der Kripo und schließlich waren wir ja auch noch irgendwie Kinder. Und was von James Bond (damals noch Sean Connery) in einem coolen Schulterholster getragen wurde, kann ja nicht wirklich schlecht sein. Punkt.

Die Tücken der Schießausbildung zeigten sich recht schnell in der Schießhalle, wo unsere Damen ihren oft ersten Kontakt mit einer Waffe hatten. Ich dagegen hatte zumindest im elterlichen Keller schon Erfahrungen mit dem Luftgewehr gesammelt.

Nachdem die erste Kollegin bei Abgabe des ersten Schusses die Waffe mit einem Aufschrei einfach hatte fallen lassen und die zweite Kollegin sich bei einer Ladehemmung zu allen, die hinter ihr standen, umdrehte und mit der Waffe auf sie zeigte, wurden Konsequenzen gezogen. Die Damen bekamen ab sofort Einzelunterricht, bis der Schießausbilder der Meinung war, dass das Risiko für die Herren auf ein erträgliches Maß reduziert sei.

Zur Ehrenrettung aller Kolleginnen möchte ich an dieser Stelle anmerken, dass sowohl statistisch, als auch nach meinen eigenen Erfahrungen, die weitaus meisten Unfälle mit Schusswaffen den Herren der Schöpfung passieren. Der Grund dafür ist sehr wahrscheinlich, dass Frauen in der Regel nicht das gleiche Interesse wie Männer an Western, Scharfschützenabenteuer und Shootouts wie in High-Noon verspüren. Die Beispiele dazu kommen erst einige Jahre (für den Leser allerdings nur einige Seiten) später.

Nach einem dreimonatigen sogenannten »Einführungslehrgang« wurden wir auf die Menschheit losgelassen. Die Bezeichnung Einführungslehrgang bezog sich übrigens auf die Einführung in den Beruf des Polizisten, obwohl doch eine ziemlich große Zahl von uns die Bezeichnung eher wörtlich nahm und ihren Trieben freien Lauf ließen. Das ist allerdings nichts unbedingt Polizeitypisches und bedarf deshalb keiner näheren Ausführung.

Die Ausbildung sah vor, dass wir nach Beendigung des »Einführungslehrganges« für ein Jahr in eine deutsche Kleinstadt und danach für neun Monate in eine Großstadt jeweils zur dortigen Kripo gingen, um das Gelernte in die Tat umzusetzen - dabei meine ich natürlich das, was wir über die polizeiliche Arbeit gelernt hatten. Der Ort musste aus nachvollziehbaren Gründen eine nicht unerhebliche Anzahl von Kilometern von unserer jeweiligen Heimat entfernt sein, damit wir nicht in die missliche Lage kämen, gegen ehemalige Schulkameraden oder gar Familienmitglieder zu ermitteln. Wir wurden über die ganze Republik verstreut und ich ging auf eigenen Wunsch in eine Stadt mit 40.000 Einwohnern im Schwarzwald.

Das Tolle daran war: ich war zum ersten Mal weg von zu Hause, meinen Eltern und meinen Geschwistern, ich kannte dort niemanden, hatte erstmals ein möbliertes Zimmer und konnte prinzipiell machen, was ich wollte - zumindest nach Dienstschluss.

Das Schlimme daran war: genau das oben beschriebene.

Ich denke, ich war kein Einzelfall und es ging den meisten meiner Lehrgangskolleginnen und -kollegen ähnlich wie mir.

Auf der kleinen Dienststelle mit gerade mal acht Kriminalbeamten, einer Schreib- und einer Bürokraft, wurde mir ein sogenannter Bärenführer zugeteilt: ein erfahrener Kollege, seines Zeichens ein Kriminalhauptmeister, der dem Jungspund beibringen sollte, wo's langgeht und gleichzeitig auch ein wenig auf ihn aufpassen musste.

Mein Glück und Pech war, dass meiner ein richtig bäriger, abgebrühter, lebenserfahrener Führer war, der den ersten Teil seines Auftrages mit Hingabe und Einsatz erfüllte. Er zeigte mir wirklich, wo's langging im Leben. Mit dem zweiten Teil seines Auftrages nahm er es nicht so genau, was beinahe zu meinem vorzeitigen Karriereende geführt hätte.

Er hatte sehr schnell gemerkt, dass ich nichts, aber auch garnichts vom echten Leben wusste. Ich hatte noch nie Drogen genommen, trank noch nicht mal Alkohol, war noch niemals im Puff gewesen und sprach Fremde, selbst wenn es Straftäter waren, immer mit »Sie« und einem höflichen »Herr« an.

Das mit den Drogen hatten wir schnell vom Tisch. Er war der Meinung, dass ich mitreden können musste, wenn ich bei Drogenrazzien mitmachen und mit Drogenkonsumenten reden wollte. Ich rede jetzt allerdings nicht von harten Drogen wie Heroin oder Kokain, sondern von den Medikamenten, die sich manche unserer Kunden so reinpfiffen. Aus dem unerschöpflichen Fundus der sichergestellten Pillen und Mittelchen holte er ein Aufputschmittel, wie es Studenten vor Prüfungen gelegentlich einnahmen, umgangssprachlich »Speed« genannt. Heldenhaft nahm ich eine Tablette und war angenehm überrascht, wie wenig spektakulär sich das Ganze in den ersten Minuten anging.

Allerdings bemerkte ich nach etwa einer viertel Stunde, dass ich nicht mehr ruhig sitzen konnte. Ich wollte, nein, ich musste irgendetwas tun. Das Problem mit Aufputschmitteln ist, wenn man eigentlich keine braucht, weil man gar nicht müde und ausgelaugt ist, dann bewirken sie, dass man sich in eine Art tasmanischen Teufel verwandelt, der wie ein überdrehter Kreisel nur noch hin und her titscht, wirres Zeug mit maschinengewehrartiger Geschwindigkeit von sich gibt, keine Sekunde lang auf seinem Hintern sitzen kann und darunter leidet, dass er gerade keinen Marathon laufen, ein Haus bauen und gleichzeitig mit einem Teelöffel einen Baggersee ausschöpfen kann.

Der Niederschlag kam dann am Abend, als die Wirkung nachließ und mein Körper registrierte, dass er innerhalb von acht Stunden so viele Kalorien verbraucht hatte, wie sonst nur an drei Tagen. Meine erwachsenen Kollegen müssen sich köstlich auf meine Kosten amüsiert haben und ich hatte zwei Tage lang einen Kater, der sich gewaschen hatte. Damals habe ich mir geschworen, nie wieder verschreibungspflichtige Medikamente zu nehmen, es sei denn, ein Arzt besteht darauf.

***

Als viel schlimmer stellte sich aber die Absicht meines Bärenführers heraus, mich zu einem richtigen Mann machen zu wollen. Ein RICHTIGER Mann war seiner Meinung nach auch schon mal in einem Puff gewesen, und da es sowas auch schon damals sogar im Schwarzwald gab, nahm er mich mit. Er kannte alle Damen, machte mich mit ihnen bekannt und wir saßen alle gemeinsam an der Bar und tranken was. Ich allerdings nur Cola, da ich ja keinen Alkohol trank. Es wurde trotzdem ein sehr lustiger Abend, an dem ich zwei Dinge lernte:

Erstens: Die Tanzstunde macht sich spätestens dann bezahlt, wenn relativ junge Frauen es sonst nur mit älteren, dickbäuchigen Ehemännern zu tun haben, denen der Sinn eigentlich nach etwas völlig anderem steht.

Zweitens: Junge Prostituierte sehnten sich nach einem Beschützer, der aufgrund seiner Dienstmarke tatsächlich berechtigt war, eine Waffe zu tragen, ansonsten auch noch ein anständiger Kerl zu sein schien und bei dem die Gefahr gering war, dass er sie schlagen würde. Ich bekam jede Menge Jobangebote, die ich schweren Herzens ablehnen musste. Aber ich muss zugeben … die Versuchung war sehr, sehr groß!

Ich lernte auch noch eine dritte Sache, die allerdings erst am nächsten Morgen: Lass niemals dein Jackett mit deinem Dienstausweis darin auf einem Barhocker liegen, wenn du mit Prostituierten tanzt.

Dann ist er nämlich weg!

Zunächst retten konnte ich mich mit einer kleinen Notlüge. Da zwei Tage nach dem unseligen Ereignis im Puff in einem Feld in der Nähe ein Starfighter-Kampfjet abstürzte und wir das Feld nach Einzelteilen absuchten, hatte ich den Ausweis wohl in diesem Feld verloren. Wie praktisch.

Allerdings kam ich durch die Verlustmeldung sehr schnell zu einer traurigen bundesweiten Berühmtheit - zumindest unter allen Polizeibeamten. Zu einer Zeit, als es noch keine computergestützten Fahndungssysteme gab, in denen mein Ausweis lediglich als eine Nummer aufgetaucht wäre und nur im Fall, dass er gefunden würde, die Zuordnung zu mir erfolgte, sah es damals ganz anders aus. Wöchentlich wurde ein Blättchen veröffentlicht, das sich »Bundeskriminalblatt« nannte und in dem interessante Sachverhalte und Informationen, sowie Fahndungen nach Personen und Sachen dargestellt wurde. Da ging es um flüchtige Bankräuber, wertvollen Schmuck, aber eben leider auch gestohlene Polizeidienstausweise. Dieses Blättchen war so etwas wie die HÖRZU für Polizisten. Da damals das Internet bei der Polizei noch kein Thema war, wurde es sehr aufmerksam gelesen.

In der Folge erreichten mich viele Anrufe meiner Lehrgangskollegen, die sich hämisch erkundigten, was ich denn da angestellt hätte. Wahrscheinlich war es aber nur der Neid über meine überraschende Berühmtheit. Zum Glück gab es zu dieser Zeit noch keine Handys - ich glaube, ich hätte meines weggeworfen.

Ach ja, eh ich es vergesse, meine Geldbörse wurde wiedergefunden, allerdings war es keine »Geld«-Börse mehr, sondern nur noch eine »Dienstausweis«-Börse. Damals hatten die Diebe noch richtig Bammel vor Polizisten und gaben solche Sache eben wieder zurück, indem sie alles, was nicht Bargeld war, einfach irgendwo in den Rinnstein warfen.

***

Aber auch Kriminalfälle und deren Aufklärung bargen oft eine gewisse unfreiwillige Komik. Ich erinnere mich immer wieder gerne an den Fall des Sexualstraftäters mit einer ganz besonderen und sehr sonderbaren Neigung.

Uns erreichte der Anruf einer älteren Dame, die am Telefon schilderte, dass ein Kollege von uns sie aufgesucht und sich dann ziemlich seltsam verhalten habe. Das sei so weit gegangen, dass sie sich für ihn habe nackt ausziehen müssen. Für uns war der Fall von Anfang an klar:

Das war natürlich KEIN Kollege gewesen, sondern jemand, der die Gutgläubigkeit einer alten Dame zur Befriedigung seiner seltsamen

Triebe ausgenutzt hatte. Also entschloss sich mein Bärenführer, zusammen mit mir das Opfer aufzusuchen.

Vor der Wohnungstür im dritten Obergeschoss des Mietshauses angekommen läutete ich und auf die ängstlich von drinnen gestellte Frage »Ja, hallo, wer ist da?«, antwortete ich pflichtgemäß mit »Ja, hallo, hier ist die Polizei, Sie hatten bei uns angerufen«.

Dabei hielt ich den Dienstausweis hoch, so dass er durch den Türspion zu sehen war. Sofort danach wurde die Tür geöffnet und wir sahen uns einer etwa achtzigjährigen Frau in einer Kittelschürze gegenüber. Sie blickte von meinem Bärenführer zu mir, wieder zu ihm, wieder zu mir - und dann passierte es:

»Na also, da ist er ja. Den haben Sie aber schnell geschnappt.« Dabei sah sie meinen Bärenführer an und deutete auf mich.

Sind Sie schon mal einer Straftat bezichtigt worden, die Sie nicht begangen haben? An sich schon schlimm genug, aber dann auch noch so eine!

Man kann sicherlich verstehen, dass ich so baff war, dass ich zu keiner Reaktion fähig war. Mein Kollege fing laut an zu lachen und wollte sich nicht mehr einkriegen. Die sicherlich nette alte Dame - im Moment mochte ich sie allerdings gerade weniger - kramte in ihrer Kittelschürze, brachte eine Brille aus dem Mittelalter mit Gläsern wie Colaflaschenböden hervor und setzte sie auf. »Ach nee, der isses nicht. Aber der hat fast so ausgesehen, auf jeden Fall hat er auch einen Vollbart gehabt.«

Drinnen im Wohnzimmer nahm ich ihr Angebot für einen Kaffee dankend an, obwohl die Tasse ziemlich klapperte, als ich die Untertasse in der Hand hielt. Aber irgendwann geht auch der größte Schock mal vorbei und ich konnte mich dem Sachverhalt widmen.

Was war passiert? Etwas umständlich schilderte die alte Dame, was der angebliche Polizist von ihr gewollt hatte. Ich musste mich zusammenreißen, um nicht ab und zu vor Lachen zu platzen. Gleichzeitig standen mir aber auch die Tränen des Mitleids in den Augen, dass eine arme alte Frau so schamlos missbraucht worden war.

Er hatte ihr erzählt, es läge eine Anzeige der Nachbarn vor, dass sie immer nackt in der Wohnung herumlaufe und sie würden sich dadurch belästigt fühlen. Sie habe sich gerechtfertigt, dass sie erstens nicht nackt in der Wohnung herumlaufe und zweitens man das doch gar nicht sehen könne, da ja die Gardinen vor dem kleinen Balkon vor dem Wohnzimmer immer zugezogen seien. Das wiederum wollte der angebliche Kriminalbeamte live überprüfen - »für seinen Bericht, sicher ist sicher, das verstehen Sie bestimmt«.

Er sei auf den Balkon gegangen, habe sie aufgefordert, die Gardinen zu- und sich selbst dann nackt auszuziehen. Fünf Minuten lang habe sie hin und her gehen müssen, mal näher an die Gardine heran und dann wieder weiter weg. Dann sei er plötzlich ins Zimmer gestürzt, an ihr vorbeigelaufen und mit den Worten »Alles klar, man kann wirklich nichts sehen, ich kläre das mit Ihren Nachbarn« eilig aus der Wohnung gerannt.

DAS sei ihr dann aber endlich komisch vorgekommen und deshalb habe sie bei uns angerufen. Ich fasse es bis heute nicht, dass ihr nichts Anderes komisch vorgekommen war. Und bis heute regt mich kaum eine Straftat so auf, wie das Ausnutzen der Gutgläubigkeit und Hilflosigkeit älterer Mitmenschen. Sie zählen neben Kindern zu den schwächsten Gliedern unserer Gesellschaft und sollten einen besonderen Schutz genießen.

***

Überhaupt trieben die Ermittlungen zu sexuell motivierten Straftaten oft die buntesten Blüten, obwohl grundsätzlich wirklich nichts Lustiges daran ist. Eine ebenfalls erzählenswerte Geschichte handelt von der Vergewaltigung einer Bäuerin im Feld. Damit hier kein falscher Gedanke aufkommt: Daran ist nun wirklich überhaupt nichts lustig. Das änderte sich aber, als wir einen Tatverdächtigen hatten. Das Opfer musste den Tatverdächtigen identifizieren, denn das mit den DNA-Spuren wie bei CSI war damals noch nicht so wirklich verbreitet. Also: Gegenüberstellung! Das Problem dabei war, dass der Täter das Opfer von hinten überfallen hatte, ihr einen Sack über das Gesicht gestülpt und sie dann vergewaltigt hatte. Danach war er sofort über das Feld in ein nahes Waldstück geflüchtet. Aber sie war sich sicher, ihn wiedererkennen zu können. Allerdings nur so, wie sie ihn gesehen hatte, nämlich, wie er nackt vom Tatort weg in ein nahes Waldstück gelaufen war - also nur von hinten.

»Ja und?«, werden Sie sagen, aber nur, weil sie nicht wissen, wie so eine Gegenüberstellung abzulaufen hat.

Nur mal so grundsätzlich: Es ist natürlich nicht zulässig, wenn ein Opfer den Täter als hünenhaften Schwarzafrikaner beschrieben hat, einen Tatverdächtigen zwischen vier mickrige weiße Mitteleuropäer zu stellen - das wäre ja auch zu einfach. Auch empfiehlt es sich nicht, zusammen mit einem Tatverdächtigen vier andere Vorbestrafte, die es eigentlich auch gewesen sein könnten, einem Zeugen vorzuführen. Die Gefahr, dass ein Zeuge den Falschen zu erkennen meint und man nun vor dem Problem steht, dass der es ja vielleicht auch gewesen sein könnte, ist zu groß. Also nimmt man am liebsten andere Polizeibeamte, die dem Verdächtigen möglichst ähnlich sehen und am besten noch welche, die für eine fragliche Tatzeit ein Alibi haben - Polizisten sind ja auch nur Menschen.

Aber da hätten wir schon unser Problem. Finden sie mal vier Kollegen, die erstens ungefähr die gleiche Figur wie unser Tatverdächtiger haben, zweitens genau wie er nahtlos gut gebräunt waren und drittens - und das war das größte Problem - bereit waren, sich nackt auszuziehen für eine Gegenüberstellung. Auch wenn es nur von hinten ist.

Ich will es an dieser Stelle offenlassen, wie wir die Kollegen dazu gebracht haben, mitzuspielen. Auf jeden Fall hat es geklappt und das Opfer hat sogar den Richtigen identifiziert.

***

Ebenfalls grundsätzlich nicht lustig, aber von einer nicht wegzuleugnenden Komik, war das, was einer Lehrgangskollegin passierte. Ich kann mich für die Geschichte verbürgen, obwohl ich nicht dabei war, aber immerhin war die Kollegin so wahnsinnig, sie selbst zu erzählen.

Sie war in einer Dienststelle in Nordrhein-Westfalen eingesetzt, just zu einer Zeit, als dort ein Sittenstrolch sein Unwesen trieb. Er lockte sehr, sehr junge Mädchen mit einer Einladung zum Picknick in den Wald, dort breitete er auf einer Lichtung eine Decke aus, machte es sich mit ihnen gemütlich und begann sie sexuell zu missbrauchen. Den Kollegen des örtlichen Sittendezernats kam eine sensationelle Idee. Wir haben doch gerade die neue, junge Kollegin, die so wahnsinnig jung aussieht, dass ihr keiner die angehende Polizistin abnimmt, müssen sie sich gedacht haben. Damit war die Operation »Lockvogel« geboren. Die Kollegen wiesen die junge Beamtin in die Verfahrensweise ein, legten ihr den Plan dar und observierten das Geschehen aus nicht all zu weiter Entfernung. Es kam ihnen zu Gute, dass die geplante Tat auf einer Lichtung stattfinden sollte und Lichtungen in der Regel von Wald umgeben sind, also ideale Deckung für die Beamten.

Blöd war nur, dass sich meine Lehrgangskollegin darauf verließ, dass die Herren ja wohl rechtzeitig einschreiten würden, wenn der Täter weit genug gegangen war, dass es für eine Verurteilung reichen würde. Sie selbst war sich offensichtlich nicht ganz sicher, wie weit das sein musste. Und sie hatte nicht mit der Gemeinheit der Kollegen gerechnet. Die müssen sich in den Büschen schlapp gelacht haben, als meine arme unschuldige Kollegin den bösen Sexualstraftäter immer weiter gewähren ließ, zu unsicher und zu schüchtern um irgendwann mal zu sagen »Halt, du alte Sau. Ich bin Polizistin und du bist vorläufig festgenommen!«

Als die Kollegen sich endlich erbarmten und eingriffen, hatte das Ganze schon wirklich sehr peinliche Züge angenommen - und eines ist sicher: Wäre mir das passiert, hätte niemals irgendjemand davon erfahren und den Kollegen hätte ich einen äußerst schmerzhaften und langsamen Tod angedroht, wenn sie es weitertratschen würden.

***

Die Ausstattung mit einer Schusswaffe birgt, wie der geneigte Leser nun weiß, mannigfaltige Gefahren. Eine davon ist allerdings noch unerwähnt und betrifft einen Bereich, der gerne verschwiegen wird ... die Toilette!

Dabei meine ich nicht den Fall, den ich ein Jahr später in Freiburg erleben musste, dass ein Selbstmörder sich auf der Bahnhofstoilette erschoss. Das an sich ist ja schon sehr speziell und nicht gerade appetitlich. Dieser besondere Fall war allerdings deshalb so tragisch, weil man bei der Tatortaufnahme feststellte, dass die Toilettenkabine direkt nebenan von innen verschlossen war und trotz Klopfen und Rufen nicht geöffnet wurde. Erst als ein Kollege beherzt über die Abgrenzung hinüberschaute, musste er zu seinem Entsetzen feststellen, dass der arme Mann auf der Nachbartoilette ein Opfer des Selbstmörders geworden war. Dieser hatte sich nicht nur durch den Kopf, sondern auch noch durch die Papptrennwand und leider in den dort sitzenden Nachbarn geschossen.

Man merke sich: Der Besuch einer Bahnhofstoilette kann durchaus gefährlicher sein, als man denkt.

Aber diesen speziellen Fall meinte ich gar nicht, sondern ein weitaus trivialeres und alltäglicheres Problem. So eine Schusswaffe ist schwer und steckt üblicherweise in einem sogenannten Holster, welches man am Gürtel trägt. Hat man nun ein Geschäft auf der Toilette zu erledigen, bleibt es nicht aus, dass man den Gürtel öffnen und sprichwörtlich die Hose runterlassen muss. Dabei passiert es immer wieder mal - und nicht nur mir -, dass das Holster aus dem gelösten Gürtel rutscht und auf den meist gefliesten Boden klatscht. Manchmal fiel sogar die Waffe selbst aus dem Holster und knallte auf den meist gefliesten Boden. Zumindest früher war das so, bevor man raffinierte Mechanismen entwickelte, die sowohl das Herausfallen als auch das Herausziehen durch böswillige Mitmenschen verhindern. Um das Herausfallen auf der Toilette zu verhindern, haben Viele den Weg gewählt, die Waffe vor dem »Hoserunterlassen« aus der Tragevorrichtung zu ziehen und entweder auf dem Spülkasten oder auf dem Boden abzulegen.

Und genau das birgt die unsägliche Gefahr, ... die Waffe dort zu vergessen.

Mir persönlich ist das mehrfach passiert, zum Glück meist vor Verlassen meines möblierten Zimmers mit angeschlossener Toilette. Da diese

Toilette aber auch durch die Vermieterin gereinigt wurde, führte es einmal dazu, dass ich auf meinem Heimweg am Wochenende nach Frankfurt - immerhin 350 Kilometer - nach bereits 200 gefahrenen Kilometern nochmal umdrehen durfte, als mir mein Versäumnis auffiel. Immerhin wollte ich nicht schuld sein, wenn meine Vermieterin sich aus Versehen mit meiner Waffe erschoss ... oder, noch viel schlimmer, den Fund der Waffe als ein Zeichen des Himmels deutete, sich nun endlich in bequemer Weise des ungeliebten Ehemannes zu entledigen.

Ein anderer Kollege hatte da wesentlich mehr Pech, aber das war Jahre später und ich komme zu gegebener Zeit noch mal darauf zu sprechen.

***

Natürlich gab es in den fast zwei Jahren der Ausbildung in der Stadt auch viele spannende, tragische, ernüchternde, frustrierende, lehrreiche, erschütternde und enttäuschende Ereignisse - aber wer will davon schon lesen, das kann man sich ja bei »CSI« oder »Bones - die Knochenjägerin« oder auch im TATORT jede Woche im Fernsehen ansehen.

Einen Vorfall muss ich aber trotz der Grausamkeit noch schildern, denn er zeigt überdeutlich wie nahe beieinander oft Tragik und Komik liegt und warum man selbst in eigentlich sehr erschütternden Situationen manchmal noch lachen muss.

Es handelte sich um meine erste Bahnleiche, relativ zeitnah nach meinem Einstieg in die praktische Ausbildung in der Kleinstadt im Schwarzwald. Hierzu ist noch zu erklären, dass die Dienststelle bei meinem Dienstantritt von einem Hauptkommissar geleitet wurde, der nur wenige Tage vor seiner Pensionierung stand - damals war das noch mit sechzig Jahren. Des Weiteren muss ich auch erwähnen, dass besagter Dienststellenleiter ein wenig vergesslich war. Die Kleinstadt lag nahe der Bahnstrecke Frankfurt - Basel und die war schon damals recht stark frequentiert. Deshalb waren Bahnleichen keine Seltenheit.

Überhaupt bestimmt oft die Örtlichkeit einer Dienststelle die Arten der Todesfälle, vor allem der Selbsttötungen. In Gegenden mit einer hohen Brücke haben sie selbstverständlich mehr Todessprünge als im flachen Norddeutschland. Meine Dienststelle lag zu allem Unglück auch noch in der Nähe des Rheins, weshalb wir auch eine sehr unerquickliche Anzahl von Wasserleichen vorzuweisen hatten. Die sind aber so unappetitlich, das ich Ihnen die Schilderung ersparen will. Sie sind sogar so unappetitlich, dass es Fälle gegeben haben soll - natürlich lange vor meiner Zeit - in denen Kollegen die Wasserleiche wieder dem Vater Rhein anvertraut haben sollen, in der Gewissheit, dass sie dann in einer anderen Zuständigkeit erneut anstanden würde.

Aber zurück zu meiner ersten Bahnleiche.

Wie üblich wurde die Kripo informiert, dass es mal wieder jemand geschafft hatte, sich vor einen Zug zu werfen, und wir rückten mit allen Kräften zum Unglücksort aus. Unsere Aufgabe war es, an der natürlich sofort gesperrten Bahnstrecke die Gleise entlang zu gehen und die oftmals über eine große Entfernung verstreuten Einzelteile des unglücklichen Opfers einzusammeln. Ich hatte Glück im Unglück, denn die Leiche war nicht wie oft in kleinste Einzelteile zerlegt, sondern man fand sehr schnell den Rumpf des Mannes, dem »lediglich« der Kopf und ein Arm fehlten. Trotzdem kein schöner Anblick. Wir hatten uns über eine größere Entfernung verteilt und suchten nach den fehlenden Teilen, als ich in der Ferne eine mir entgegenkommende

Person sah. Sie ging auf den Gleisen von Schwelle zu Schwelle und ich erkannte schon von weitem einen Mitarbeiter der Spurensicherung. Wie er mir so entgegenkam, musste ich an die Filme denken, in denen man nachts einen Bahnwärter mit einer Laterne in der Hand die Gleise entlanggehen sieht, und er schwenkt die Laterne während des Gehens neben dem Körper. Ich fragte mich noch, warum der Kollege am helllichten Tag und strahlendem Sonnenschein eine Laterne schwenkte, als er so nahe gekommen war, dass ich den Gegenstand in seiner Hand erkannte: es handelte sich um den Kopf des Opfers, den er an den Haaren festhielt und mit dem Gesicht nach vorne gerichtet, lässig neben dem Körper schwenkte.

Ohne daran zu denken, ob ich eventuell Spuren kontaminierte, gab ich mein ausgiebiges Frühstück, bestehend aus Fleischkäse mit Laugenbrezeln, wieder der Natur zurück. Während ich mir noch die Seele aus dem Leib kotzte, ging der Kollege lachend an mir vorbei. Ich habe mich zeit meines Lebens nicht so an Leichen gewöhnen können, dass mir nicht zumindest mulmig wurde, wenn ich denn dann mit ihnen zu tun hatte.

Auch unser Chef, der scheidende Dienststellenleiter, hatte sich an der Suche beteiligt und war dazu mit seinem Dienstwagen - einem VW-Käfer! - alleine an den Unglücksort gekommen. Er blieb noch ein wenig da, während wir anderen die Einzelteile der Leiche in den bereitstehenden Zinksarg des Bestattungsunternehmens legten und uns dann zurück auf die Dienststelle machten.

Zwei Tage später wurde mein erster Chef in einer kleinen Feierstunde offiziell verabschiedet und ging in den wohlverdienten Ruhestand. Wiederum zwei Tage später beschwerte sich der erste Kollege, der den ehemaligen Dienstwagen des Chefs benutzte, dass es in dem Wagen bestialisch stänke. Wir gingen mit mehreren Kollegen zu dem Auto und mussten feststellen, dass der Wagen, der seit der Pensionsfeier nicht mehr genutzt worden war, tatsächlich sehr unangenehm roch.

Der Grund dafür war schnell gefunden, denn unser scheidender Chef hatte den Begriff »Handschuhfach« völlig neu definiert. Als er noch am Fundort der Leiche verblieben war, hatte er durch Zufall die unter einem Busch liegende Hand des Opfers gefunden und sie - verantwortungsbewusst, wie er nun mal war -

selbstverständlich mitgenommen. Wohl ein wenig geistesabwesend hatte er die Hand ins Handschuhfach gelegt - und dort vergessen.

Und? Müssen Sie da nicht auch lachen? Obwohl es um die Teile eines toten Menschen geht? Ich denke schon, denn angesichts solcher Ereignisse verschwimmen die Grenzen zwischen Tragik und Komik.

***

Nach Abschluss der praktischen Ausbildung und nun mit einem gerüttelt Maß an Lebenserfahrung kehrten alle meine Kolleginnen und Kollegen nach Wiesbaden zurück und starteten einen neunmonatigen Abschlusslehrgang.

Endlich, nach fast drei Jahren näherte sich meine Ausbildung dem Ende. Es wurden Arbeiten geschrieben und zur endgültigen Festlegung der Abschlussnoten stand nur noch die mündliche Prüfung aus. Wenn sie aufgepasst und ein wenig mitgerechnet haben, könnten Sie wissen, dass man das Jahr 1977 schrieb. Im September 1977 wurde Hanns Martin Schleyer entführt und ermordet. Die Maschine der Lufthansa »Landshut« wurde entführt und in Mogadischu schlug bei der

Befreiung die große Stunde der GSG9.
Entsprechend aufgeregt war die gesamte deutsche Polizei und wir liefen selbst im Gebäude des BKA immer mit unserer Schusswaffe herum. Wir waren sogar als Schüler aufgefordert, die Waffe in der Freizeit ständig bei uns zu tragen, auch zu Hause. So war das halt in der Hoch-Zeit des Terrorismus.

Aber für wie gefährlich man sogar uns Schüler wirklich hielt, erfuhren wir am Tag der mündlichen Prüfung. Bei dieser Prüfung ging es für einige lediglich um die mögliche Verbesserung der Abschlussnote, für andere aber ums Überleben. Eine schlechte Leistung konnte für sie das Aus bedeuten.

In der wahnsinnigen und seit ewigen Zeiten immer wiederkehrenden unsinnigen Gleichmacherei, dachte man aber nicht daran, nur bei den wenigen Durchfall-Gefährdeten auf Nummer sicher zu gehen, nein - man nahm uns allen für die Dauer der mündlichen Prüfung die Waffen ab.

Das zeigte uns, dass man uns für gefährliche Psychopathen hielt, bei denen die Gefahr bestand, dass sie einen der Prüfer nach seinen Worten: »Also Herr Müller, das war aber wirklich dummes Zeug, was Sie uns da aufgetischt haben. Da kann ich Ihnen ja nur eine Sechs geben!«, diesen einfach eiskalt abballern würden.

Zum Glück bestanden alle Probanden die Prüfung und wir waren ab diesem Zeitpunkt FERTIGE Kriminalkommissare, bereit die Welt zu erobern! Na ja, wenigstens Deutschland. Nun mussten wir nur noch erfahren, bei welcher Einheit wir eingesetzt werden würden. Ich war ja so gespannt.

Zweite Station: die Sicherungsgruppe

Also da war ich nun, nach bestandener Prüfung im Range eines Kriminalkommissars z.A.
Dabei stand das z.A. nicht etwa für »zeitweiliges Arschloch« oder »ziemlich ahnungslos«, auch wenn manche das gerne behaupteten, es stand für »zur Anstellung«, was so viel bedeutete wie: Du bist noch kein Beamter auf Lebenszeit und bei Fehlverhalten ist es sehr leicht, dich ganz schnell und ohne viel Verwaltungsaufwand wieder loszuwerden. Also - aufgepasst, keine Fehler machen und sich nichts zu Schulden kommen lassen, sonst war die ganze Ausbildung umsonst und nicht nur kostenlos.

Nun gut, kein Problem, ich hatte vor, genau das zu tun, denn schließlich wollte ich ja Karriere machen.

Also auf zur ersten Station meiner Laufbahn beim Bundeskriminalamt, und die hieß für mich - zugegebenermaßen nicht ganz freiwillig - Sicherungsgruppe (SG) in Bonn Bad Godesberg. Die Aufgabe der Sicherungsgruppe ist der Schutz der Mitglieder der Verfassungsorgane des Bundes. Das umfasst sowohl den Personenschutz für den Bundespräsidenten, Mitglieder des Bundestages und des Bundesrates, des Bundesverfassungsgerichts und der Bundesregierung sowie anderer schützenswerter Personen, als auch den Schutz ihrer Dienst- und Wohnsitze. Heute nennt man sowas »Bodyguards«, was meines Erachtens auch wirklich beeindruckender klingt.

Erstmals kam mir mein immer noch gepflegter Dressman-Habitus sehr zu pass. Genau so sollte damals ein Bodyguard, der ja immerhin neben oder ... na ja ... meistens hinter einem Politiker herlief, aussehen: schick, adrett und halbwegs kompetent.

Wieder einmal hatte ich Glück und Pech in einem. Als frischgebackener Kommissar z.A. lief man normalerweise hinter einem Trupp erfahrener Kollegen her, in einem sogenannten »Kommando« - so nannte man die jeweilige Truppe - die sich mit dem Schutz einer mehr oder weniger gefährdeten Person beschäftigte. Es gab sogenannte Gefährdungsstufen und der Bundesverkehrsminister war jetzt nicht gerade das Ziel der ersten Wahl der RAF. So jemand war dann Gefährdungsstufe 2 oder gar 3. Ein Bundesinnenminister zählte natürlich als oberster Chef der Polizei genauso wie der

Generalbundesanwalt zu den TOP-Zielen der RAF und beide waren sogar mit Bild auf dem von der RAF eigens zur Darstellung ihrer Terrorzielpersonen erstellte »Gegen-Fahndungsplakat« abgebildet. Solche Personen waren in der höchsten Sicherheitsstufe, nämlich 1.

Mein Glück / Pech war, dass auch der Abteilungsleiter der Terrorismusbekämpfung im BKA, Gerhard Boeden, als ausgesprochenes Ziel der RAF ebenfalls auf diesem Plakat zu sehen war. Da man aber an chronischem Personalmangel litt, vor allem was erfahrene Beamte anging, drückte man dem armen Kollegen Boeden einen Frischling auf und gönnte ihm trotz Gefährdungsstufe 1 ein Kommando, das jeder Politiker sofort wieder zurückgeschickt hätte, mit der Bemerkung: »Wenn Sie mir keine richtigen Beamten zum Schutz zur Verfügung stellen, muss ich wohl mal ein Wort mit meinem Freund dem Innenminister reden.« Die Reaktion des Abteilungsleiters Gerhard Boeden war: »Na ja, mit mir können sie es ja machen.«

Da er aber das mit dem Schutz eh nicht so ernst nahm, war es ihm letztendlich auch egal. Außerdem hatte er die sich später bewahrheitende Hoffnung, dass er uns Frischlinge eher mal austricksen und abhauen konnte, wenn er mal keine Lust auf Begleitung hatte.

Und da war ich nun, Frischling, Kommissar und unerwarteterweise Leiter des Kommandos Boeden in Gefährdungsstufe 1 - na bravo! Ehrlich gesagt hatte ich Zweifel, ob ich mein Vorhaben, keine Fehler zu machen, auch wirklich in die Tat würde umsetzen können, denn ich war ja wie gesagt noch z.A. also in diesem Fall wirklich »ziemlich ahnungslos«.

Wenn ich den Mensch Gerhard Boeden in einem Satz beschreiben soll, fällt mir das nicht schwer: Boeden war ein ausgesprochener Choleriker mit so viel Herz, Mitgefühl und Menschenkenntnis, wie ich selten wieder jemanden angetroffen habe, und er hatte sich vom gelernten Buchdrucker mit Hauptschulabschluss bis hoch zum Abteilungsleiter des Bundeskriminalamtes hochgearbeitet. Später wurde er noch Vizepräsident und danach Präsident des Bundesamtes für Verfassungsschutz, woran Sie unschwer erkennen können, dass er meinen Schutz seiner Person tatsächlich überlebt hat.

Ich habe ihn wirklich schätzen gelernt und auch gemocht. Er stauchte mich bei einem Fehler in einer Lautstärke zusammen, dass kein

Mauseloch zu klein gewesen wäre, um nicht darin zu verschwinden. Danach legte er seinen Arm um meine Schulter und sagte in versöhnlichem Ton: »Na ja, Schwamm drüber, ich war auch mal jung und habe ähnlichen Scheiß gebaut. Nimm's dir nicht so zu Herzen.«

Er zählte zu der Gattung Mensch, die jeden duzen, bei denen aber keiner auf die absurde Idee gekommen wäre, sie ebenfalls zu duzen. Ein weiteres Exemplar dieser Gattung habe ich später noch mal kennengelernt und der hat mir nach seinem Krankenhausaufenthalt folgende Geschichte erzählt:

Stell dir vor, ich liege da im Krankenbett und da kommt der Professor und fragt mich: »Na wie geht's dir denn heute?« Da habe ich geantwortet: »Ganz gut, schön, dass du fragst.« Darauf der Professor: »Für dich immer noch SIE und Herr Professor.«

»Ja aber … Sie duzen mich doch auch.«

»Na, ich bin ja auch der Professor und du der Patient.«

Es ist schon eine besondere Spezies und wenn zwei solche Exemplare aufeinandertreffen, ist Knatsch vorprogrammiert.

Aber zurück zu meinem Schützling Boeden. Da der zu schützende Personenkreis in der Regel nicht zu denen gehörte, die einen Acht-Stunden-Tag pflegen, sondern eher mal zehn, zwölf und auch schon mal vierzehn Stunden arbeiteten, waren unsere Arbeitszeiten entsprechend lang – auch an den Wochenenden. Ja, wir beschützten die Herren auch in ihrer Freizeit. Also arbeiteten wir im Zwei-Schichten-Dienst, d.h. eine Woche Schicht, eine Woche frei. In der einen Woche leisteten wir normalerweise mehr Stunden als ein normaler Beamter mit acht Stunden pro Werktag in zwei Wochen. Ich habe ganz bewusst »leisteten Dienst« geschrieben, weil ich mich nicht traue, es »Arbeit« zu nennen. Fuhr der Schützling von A nach B, waren wir selbstverständlich dabei, ansonsten saßen wir rum und warteten darauf, dass unser Chef das Büro verließ oder ein Außentermin endete und wir ihn wieder zurück in sein Büro begleiteten. Alles in allem so ziemlich das Langweiligste, was man sich vorstellen kann. Wenn man nicht gerade den aktuellen Bundesaußenminister beschützen durfte, der die ganze Zeit in der Welt herumreiste, hatte man unter Umständen die Arschlochkarte gezogen. Als ich mich mal mit einem Lehrgangskollegen unterhielt, der es genauso schlecht getroffen hatte wie ich, erfuhr ich erstmals, dass Zufriedenheit mit einer Arbeitssituation sehr wohl im Auge des Betrachters liegen kann.

»Ich weiß gar nicht, was du willst? Das ist doch ein Traumjob. Den ganzen Tag bequem herumsitzen, die Arme hinter dem Kopf verschränkt und träumen - auch mal an nichts denken. Klasse. Ich kann mir nichts Schöneres vorstellen.«

Ich hatte mir zwar was Anderes vorgestellt, als ich zur Polizei ging, aber für seine Lebensphilosophie hatte er tatsächlich den Idealjob gefunden. Glückwunsch.

Mir hingegen blieb nichts anderes übrig, als den ganzen lieben Tag lang Bücher zu lesen, Karten zu spielen und mich mit den Kollegen zu unterhalten. Nur gehen einem irgendwann eben die Themen oder die Bücher aus und man kann keine Karten mehr sehen. Dann entsteht Frust und Frust macht aggressiv und irgendwann geht man sich wegen Kleinigkeiten an die Gurgel. Keine schöne und befriedigende Situation.

Apropos Kollegen. Da gibt es natürlich einiges zu berichten. Mein Kollege Kommandoführer, mit dem ich mich von Woche zu Woche abwechselte, stammte aus Wiesbaden und war nur für drei Monate abgeordnet, um zu unterstützen. Man hatte Freiwillige gesucht (Stichwort Personalnot) und er hatte sich gemeldet - sehr zum Leidwesen unserer Vorgesetzten. Der »rote Albert«, wie er von allen genannt wurde, war schon ein gestandener Hauptkommissar und landete zunächst bei Franz-Josef Strauß. An dieser Stelle eine kleine Erläuterung für die jüngeren Leser: Franz-Josef Strauß war zu dieser Zeit (1978) gerade bayerischer Ministerpräsident, war vorher Verteidigungsminister und Finanzminister gewesen und sollte der nächste Kanzlerkandidat der CSU werden.

Der »rote Albert« hingegen war Ortsgruppenvorsitzender der SPD in einem Stadtteil von Wiesbaden - daher auch sein Spitzname. Und just an seinem zweiten Tag des Beschützens von Strauß versuchte er, den wirklich sehr strammen CSU-Mann Strauß dazu zu bewegen, doch lieber zur SPD zu wechseln.

Am nächsten Tag war er wieder in Bonn-Bad Godesberg und wurde sowohl in die richtige Verhaltensweise einem Politiker gegenüber ein-, als auch einem neuen Kommando zugewiesen. So tauchte er als mein Schichtwechselpartner im Kommando Boeden auf. Trotz aller Warnungen versuchte er bei dem ebenfalls sehr strammen

CDU-Mann Boeden die gleiche Tour wie bei Strauß - allerdings nur ein Mal. Boeden hatte im Vergleich zu Strauß den Langmut, den größenwahnsinnigen Kommunalpolitiker erstmal auszulachen, dann in den Senkel zu stellen und schließlich daran zu erinnern, was eigentlich seine Aufgabe war.

Aber da gab es ja noch die anderen Kollegen, meine Mitstreiter, die zusammen mit mir die Schutzaufgabe wahrnahmen, eigentlich meine Mitarbeiter oder noch besser, meine Untergebenen. Sie werden sich fragen, wer das denn sein konnte, in der Hierarchie noch unterhalb des inzwischen Dreiundzwanzigjährigen, der selbst nur Kommissar war. Gab es denn da noch was drunter? Allerdings!

Hatte ich schon mal erwähnt, dass das Bundeskriminalamt unter Personalnot litt?

Also bediente man sich einer schier unerschöpflichen Quelle von jungem, motiviertem und willigem Menschenmaterial bei der Polizei - des Bundesgrenzschutzes. Der BGS war als Grenzpolizei entstanden, aber inzwischen hatte man ja auch innerhalb Deutschlands Grenzen, z.B. an den Flughäfen. Und der BGS hatte so viele junge Leute zur Verfügung, die es nach Abenteuer dürstete, dass man immer wieder welche fand, die für eine befristete Zeit Dienst in der vorläufigen Hauptstadt Bonn tun wollten, um dort beim Schutz von Politikern und deren Häuser zu helfen. Also stellte man mir fünf Kollegen im Range von Polizeimeistern und Polizeiobermeistern zur Verfügung, die ab sofort »unter mir dienten«. Das hört sich zunächst Klasse an, aber obwohl mir dienstrangmäßig unterstellt, waren alle älter als ich, hatten alle mehr Berufs- und Lebenserfahrung und das mit dem »dienen« war ihnen angesichts des Umstandes, dass ich keine Uniform trug und nicht wusste, wie man jemanden strammstehen ließ, auch nicht näher zu bringen.

Es waren schon sehr robuste und kernige Kerle, die sich diese Tätigkeit überwiegend aus Abenteuerlust ausgesucht hatten. Endlich mal was erleben, raus aus dem Alltagstrott, raus aus der Uniform, raus aus allem. Da wir ja - wie bereits erwähnt - viel Zeit hatten, trieben die Kerle gerne Sport, hielten sich fit und gingen vor allem gerne zur Schießfortbildung. Im Schießen waren sie echt unschlagbar. Einer meiner Kameraden war sogar Rekordhalter in der Disziplin »schnell ziehen und sofort schießen«! Er zog so blitzartig die Waffe aus dem Holster und feuerte unmittelbar danach, dass er vom Startsignal ab, nach nicht mal zwei Sekunden schon fünf Schuss rausgeballert hatte. Alle Achtung! Wen kümmert es da, dass alle fünf Projektile vor ihm in den Boden gingen. Es kam ja auf die Schnelligkeit an, von Treffen hatte niemand geredet.

Lediglich einmal soll ein anderer Kollege des BGS noch schneller den ersten Schuss abgegeben haben, mit dem traf er allerdings seinen eigenen Fuß, weshalb das Ergebnis ungültig war ... und er konnte ja auch nicht mehr weiterschießen.

Ein weiteres Gebiet, auf dem sich die Kollegen auszeichneten, war die Ankurbelung der Automobilindustrie. Nicht dass sie sich mehr Autos kauften als andere Beamte, aber sie förderten die Produktion dadurch, dass sie unverhältnismäßig viele Fahrzeuge in ihre Einzelteile zerlegten. Immer wieder schaffte es der eine oder andere, einen Kraftfahrer zu überreden, ihm kurzfristig mal sein Fahrzeug zu überlassen, um es dann entweder gegen die Betonwand der Tiefgarage zu setzen oder auf einer Landstraße auf das Dach zu legen.

Einmal verhalf mir einer meiner Untergebenen zu einem unerwarteten Lob von meinem Schützling, Abteilungsleiter Boeden. Zur

Erklärung muss ich Folgendes voranschicken: Ein Kommando der Gefährdungsstufe 1 bestand üblicherweise aus drei Fahrzeugen, die immer in Kolonne fuhren. Im Führungsfahrzeug saßen der Berufskraftfahrer, zwei BGS-Beamte und ich, im letzten Fahrzeug der Berufskraftfahrer und drei BGS-Beamte. Im mittleren und gepanzerten Fahrzeug saß der Schützling alleine mit seinem persönlichen Fahrer. In dieser Konstellation fuhren wir zu Terminen, auf Dienstreisen und so weiter. Nach der Rückkehr von einer Fahrt nach Karlsruhe kam Boeden überraschend auf mich zu und nahm mich zu Seite. »Hör mal«, sprach er mich freundlich lächelnd an, »ich muss dir mal sagen, wie gut ich das finde, wie du deinen Job machst.«

Ich war baff. Womit hatte ich das verdient? Natürlich freute ich mich über das Lob, aber ich war auch misstrauisch. »Äh ... was genau meinen Sie, Herr Boeden?«, fragte ich vorsichtig.

»Na so deine ganze Einstellung, an was du so alles denkst und wie du die Leute einteilst.«

»Wie ... einteilst?«

»Na das mit der Luftraumüberwachung, das finde ich eine tolle Idee. Wer weiß, vielleicht kommt ja mal ein Angriff von oben.«

Er muss mir mein absolutes Unverständnis angesehen haben, denn er lachte und sagte: »Frag doch mal deine Leute.«

Mit dieser ominösen Andeutung ließ er mich stehen und zog von dannen. Natürlich fragte ich sofort meine Leute.

»Ich glaube«, sagte mir einer, »der meint den Sven.«

»Wieso?«

»Äh ... da fragst du ihn lieber selber, Chef.«

Das erschien mir schon ausreichend suspekt, denn immer wenn sie mich Chef nannten, wollten sie entweder frei, irgendwas anderes oder hatten Muffe vor einem Anschiss. Also fragte ich Sven.

»Ooooch, Scheiße, dann hatter et doch jesehen. Mist.«

»Was gesehen«, fragte ich, obwohl mir bereits etwas schwante.

»Na ja, weissde, Chef, ich werd doch immer so schnell müd beim Autofahrn, ne? Dann mach ich halt schomma de Augen zu, ne? Dat hat der bestimmt jesehen.«

Sven saß im Auto direkt hinter mir, also außerhalb meines Blickfeldes, selbst im Rückspiegel. Immer wenn er müde war, legte er seinen Kopf nach hinten und mangels

Kopfstützen auf der Rückbank musste es für Boeden im Wagen direkt hinter uns so ausgesehen haben, als schaue der Kollege durch die Heckscheibe in den Himmel. Ich war mir aber sicher, dass er auch bemerkt hatte, dass der Kollege pickelfest eingepennt war. Na Mahlzeit! Ab diesem Tag fuhr Sven nicht mehr im Führungsfahrzeug, sondern im hinteren und dort saß er vorne. Den Kraftfahrer hatte ich gebeten, sobald er sah, dass Sven einschlief, mal kurz aber heftig auf die Bremse zu treten.

Hat funktioniert! Seit dieser Zeit bin ich allerdings auch immer misstrauisch, wenn mich jemand lobt und ich eigentlich nicht weiß wofür.

***

Leider barg die auf Action gepolte Einstellung meiner Mitarbeiter und ihrer Kollegen vom BGS auch gewisse Gefahren - sowohl für sie selbst als auch für andere. Ich erinnere mich an einen Vorfall, der zwei Kollegen betraf, die für den Schutz des Hauses meines Schützlings Boeden in einer beschaulichen Einfamilienhaussiedlung unweit von Bad Godesberg eingeteilt waren. Gegen die Unbill der Witterung stand hinter dem Haus ein Wohnwagen, in den sich die sogenannten Objektschützer vom BGS auch mal zurückziehen konnten, wenn es z.B. sehr kalt oder regnerisch war. Zu diesem Wohnwagen komme ich gleich noch mal. Üblicherweise gingen zwei Mann Streife um das Haus herum, um zu verhindern, dass sich ein böser Terrorist nähert und vielleicht eine Bombe platziert oder die Ehefrau des Schützlings entführt. Und was passiert, wenn man in entgegengesetzter Richtung zu zweit um ein Haus herumgeht? Genau, man trifft sich immer mal wieder. Und wenn einem dann auch noch langweilig ist, weil selbst beim hundertsten Treffen immer noch kein Bösewicht aufgetaucht ist, dann liegt es nahe, wenn man sich die Zeit irgendwie scheinbar sinnvoll vertreibt - zum Beispiel mit Übungen, die förderlich für die tägliche Aufgabenbewältigung sind. Als eine solche Übung fiel den beiden allerdings nur ein, im Stile des Westerns »High Noon« (manchen vielleicht auch nur unter dem Titel »Zwölf Uhr Mittags« bekannt) genau wie Gary Cooper und der Bösewicht, bei Annäherung aneinander möglichst breitbeinig zu gehen, finster zu blicken und irgendwann ganz schnell die Schusswaffe zu ziehen und »Bumm« zu rufen.

Sie ahnen schon, was passiert ist, oder? Bei einem der beiden Kollegen, der offensichtlich unbedingt gewinnen wollte, blieb es nicht beim »Bumm«-Rufen sonder es löste sich unbeabsichtigt ein Schuss! Keine Angst, sie müssen sich nun nicht über den tragischen Tod eines Polizisten echauffieren, die Sache ging insofern glimpflich ab, als dass das Projektil wenige Zentimeter unterhalb der Fensterbank des Küchenfensters in die Hauswand einschlug, allerdings zu einer Zeit, in der Frau Boeden gerade dort das Mittagessen für ihren Gatten zubereitete. Schlimme Sache, die auch böse Konsequenzen für die beiden Beamten hatte.

Weniger Konsequenzen hatte da die missbräuchliche Nutzung des bereits erwähnten Wohnwagens. Als wir am Neujahrsmorgen unseren Schützling von einer Silvesterparty nach Hause brachten, mussten wir feststellen, dass so ein Wohnwagen nicht nur dazu genutzt werden konnte, sich bei großer Kälte aufzuwärmen, sondern auch für eine eigene Silvesterparty. Aufgefallen ist es aber letztendlich nur deshalb, weil die Party schon vorbei war und bei unserer Ankunft am Wohnhaus des Schützlings der Wohnwagen in sehr verdächtiger Weise schaukelte. Wie bei einem kurzen Blick durch das Fensterchen sofort ersichtlich wurde, wärmte gerade eine der Dorfschönheiten einem der feschen Polizisten nicht nur das Herz.

Es führte zwar zu einer Abmahnung des Kollegen, aber auch in dieser Hinsicht hatte Abteilungsleiter Boeden ein Herz und unglaubliches Verständnis für solche Eskapaden. Er war eben ein Mensch durch und durch und schien sich auch in seinem Alter noch an seine eigene Jugendzeit zu erinnern.

Aber er war auch immer dafür gut, seinen Mitarbeitern eine Lektion in Sachen Lebensphilosophie und Psychologie zu geben.

Wann immer wir vom Personenschutz zu viel Zeit hatten, versuchten wir etwas in Sachen Prävention, also Verhinderung von Straftaten im Vorfeld zu tun. Deshalb fuhren wir die Strecken ab, die wir mit unserem Schützling normalerweise befuhren, notierten uns die Kennzeichen am Wegesrand abgestellter Fahrzeuge, ob da nicht ein gestohlenes Auto dabei war. Es könnte ja sein, dass Terroristen einen Anschlag vorbereiteten. Mit den notierten Kennzeichen begaben wir uns zur Zulassungsstelle und fragten dort nach den Haltern der Fahrzeuge. Als ich eines schönen Tages mit einem meiner BGS-ler und dem Fahrer, dem es zu langweilig war, im Auto auf uns zu warten, das Büro in der Zulassungsstelle betrat, geschah es. Nachdem ich mich ausgewiesen hatte, rief die Bedienstete der Zulassungsbehörde: »Ach du lieber Gott, gleich drei Polizisten. Was ist denn Schlimmes passiert?«

Mein junger Mitarbeiter vom BGS hatte nichts Besseres zu tun, als sie dahingehend zu belehren: »Nein, nein, der Herr Hauptkommissar und ich sind von der Polizei, das hier ist *nur* der Fahrer!«

Autsch. Klassischer Fall von »hättest du mal besser erst nachgedacht, bevor du redest.«

Unser Fahrer war - zu Recht natürlich - beleidigt und weigerte sich, uns wieder zur Dienststelle zurückzufahren. Noch tagelang redete er kein Wort mit uns.

Ich erzählte unserem Schützling Boeden von dem Vorfall, denn ihm blieben die Spannungen im Team nicht verborgen und er wollte wissen, was da los sei. Nach meiner Schilderung meinte er: »Du und deine Leute, morgen um 10:00 Uhr in meinem Büro!«

Wir hatten keine Ahnung, was da auf uns zukommen sollte. Als wir am nächsten Tag mit sechs Mann in seinem Büro saßen, gab er uns eine Lehrstunde in Sachen Anstand und im Umgang mit Mitmenschen. Das, was mir am dauerhaftesten in Erinnerung geblieben ist, war die Schilderung, wie man mit einem bestimmten Fall am Besten umgeht:

»Stellt euch vor, ihr bemerkt ein Auto, das zu schnell und über zwei rote Ampeln fährt. Ihr stoppt das Auto und tretet heran. Drinnen sitzt ein Mann am Steuer, neben ihm seine Frau und auf dem Rücksitz zwei halbwüchsige Kinder. Als er die Scheibe runterkurbelt, scheißt ihr ihn so richtig zusammen, mit allen Schikanen.«

Ich bemerkte zustimmendes Nicken bei meinen Mitarbeitern und auch ich selbst war nicht weit davon entfernt, dieser Verfahrensweise zuzustimmen. Boeden bemerkte unsere stillschweigende Zustimmung, sah uns enttäuscht an und nickte wissend.

»Hab ich mir gedacht. Keine Ahnung vom Leben, aber jede Menge Mangel an Kenntnissen in Psychologie. Was meint ihr, wie der Mann auf einen solchen Anschiss vor seiner Frau und seinen Kindern reagieren wird?«

Mir schwante, worauf er vermutlich hinauswollte.

»Er wird natürlich auf keinen Fall kleinlaut zugeben, dass er etwas falsch gemacht hat und um Verzeihung oder Vergebung bitten. Er wird auch nicht widerspruchslos eine Verwarnung oder einen Strafzettel hinnehmen. Er wird sich wehren.

Muss er doch vor seiner Frau. Er ist der Chef der Familie und er kann doch vor seiner Frau und den Kindern nicht das bettelnde Weichei geben. Also markiert er den Starken und ihr habt ruckzuck einen Widerstand. Hättet ihr ihn freundlich aus dem Wagen gebeten, weil ihr in einigem Abstand vom Fahrzeug etwas mit ihm klären wollt, hätte er alles akzeptiert und wahrscheinlich auch um Gnade gewinselt - solange es niemand von seiner Familie mitbekommt.«

Er nickte und sah uns nacheinander in die Augen.

»Denkt mal drüber nach. Und jetzt raus, ich habe zu tun.«

Wir hatten eine kostenlose Lehrstunde in Psychologe bekommen, für die ich ihm ewig dankbar war. Was mich aber am meisten schockierte, war der Umstand, dass wir solche nützlichen Hinweise nicht bereits während unserer Ausbildung bekommen hatten. Sie war ja noch nicht lange her und ich hätte mich sicherlich daran erinnert, wenn es denn sowas gegeben hätte - was leider nie der Fall war.

Die Psychologie im Umgang mit Menschen ist überhaupt ein Lehrstoff, der anscheinend noch heute sträflich vernachlässigt wird. Schade!

***

Sicherlich erinnern Sie sich, dass ich bereits darüber berichtet habe, wie es mir in meiner Wohnung zur Untermiete passiert ist, dass ich meine Waffe auf dem dortigen Klo vergessen habe und eine weite Strecke zurückfahren musste, um sie in Sicherheit zu bringen. Einem wirklich netten Kollegen geschah weit Schlimmeres. Er war Mitglied des Begleitkommandos eines Ministers und begleitete diesen einmal zu einer Pressekonferenz im Ministerium. Leider nimmt weder die Blase noch der Darm wirklich Rücksicht auf Termine oder den Ort, wo sie sich manchmal dringend melden. Er hatte das Pech, dass er ausgerechnet gleich bei Ankunft im Ministerium dringend musste. Deshalb ging er noch im öffentlichen Bereich, wo Hunderte von Presse- und TV-Mitarbeiter herumlungerten, auf die dortige Toilette. Er bemerkte bereits nach wenigen Minuten, dass ihm das Gleiche passiert war wie mir damals, er hatte seine Waffe in der Toilettenkabine liegen lassen. Obwohl er nur wenige Meter zurückgehen musste und nur Minuten vergangen waren, war der Super-Gau eingetreten: Die Waffe war weg!

Alles Jammern, Herumrennen und Herumfragen half nichts, die Waffe blieb auch weg ... und das sogar mehrere Jahre lang. Ich habe später gehört, dass sie bei einem misslungenen Verkaufsversuch auf - man höre und staune - einem Kinderspielplatz sichergestellt werden konnte. Zu seinem Glück war bis zu diesem Zeitpunkt kein Verbrechen mit dieser Waffe verübt worden oder gar jemand durch sie zu Tode gekommen. Dennoch hat der Vorfall den armen Kollegen in seiner Karriere nicht gerade vorangebracht.

***

Wäre Boeden nicht der Mensch gewesen, der er war, also jemand, dem kaum etwas Menschliches fremd war, wäre meine Karriere relativ früh beendet gewesen.

Das musste ich schmerzhaft bemerken, als ich meinen Schützling zu einer Kur nach Murnau in Oberbayern begleiten durfte. Toll, dachte ich, ein Urlaub auf Staatskosten. Was sollte es da groß zu beschützen geben. Wir waren in einem Kurhotel untergebracht - der Schützling, sein persönlicher Fahrer, einer meiner BGS-ler und ich. Mein Kollege und ich wechselten uns ab in der Begleitung des Chefs, hatten also auch jede Menge Freizeit ... leider.

Was macht man in der Freizeit in einem Kurhotel, wenn man sich nicht weit von diesem entfernen konnte? Na was wohl, man freundete sich mit dem Personal des Hotels an, vor allem mit den hübscheren, jüngeren Damen, die natürlich nicht abgeneigt waren, denn die überwiegende Mehrzahl der Gäste waren Rückenkranke, meist im Alter zwischen fünfzig und sechzig. Wäre alles kein Problem gewesen, wäre da nicht auch der noch ziemlich rüstige Oberstleutnant der Bundeswehr im Kurhotel gewesen, der auf dieselbe Maid ein Auge geworfen hatte, wie ich. Als ich dann eines Nachts beim Verlassen ihrer Kammer auf den Herrn Oberstleutnant traf, der gerade dabei war, bei ihr anzuklopfen, war es passiert - der Supergau.

Vor allem deshalb, weil der stramme Offizier sich am folgenden Tag sofort bei der Klinikleitung über mich beschwerte. Er war natürlich nur zufällig an der Kammer vorbeigekommen, aber das ginge ja wohl nicht, dass Beamte mit Schutzaufgaben des Nachts die weiblichen Bediensteten der Klinik »belästigten«.

Ich sah das unrühmliche Ende meiner Karriere vor meinem geistigen Auge, und als

Boeden mich zur Rede stellte, war ich total am Boden zerstört.

»Erzähl mal, hat es sich denn wenigstens gelohnt. Die Kleine ist ja wirklich ganz schnuckelig. Also ... Einzelheiten.«

Ich war viel zu verblüfft, um darüber nachzudenken, ob ihn das was anging. Also berichtete ich schonungslos alle Einzelheiten. Das Ergebnis überraschte mich. Boeden lachte schallend und bekam sich kaum noch ein.

»Okay«, sagte er schließlich, »hätte mir genauso passieren können. Ich rede mal mit dem Herrn Oberstleutnant, der war ja schließlich nicht zufällig vor dem Zimmer, als du da rauskamst. Mach dir mal keine Gedanken, es ist ja nicht wirklich was passiert, und wenn mich nicht alles täuscht, hat doch dein Kollege in der Zwischenzeit vor meinem Zimmer gesessen, oder? Also, was du in deiner Freizeit machst, geht ja weder die Bundeswehr noch mich etwas an.«

Es ist unglaublich, aber er hat es hingekriegt. Der Oberstleutnant wich mir ab diesem Tag aus und Boeden hat den Vorfall nie wieder erwähnt. Also habe ich alles, was aus mir geworden ist, letztendlich ihm zu verdanken, denn bei vielen anderen Vorgesetzten wäre dieser Vorfall mein Karriereende gewesen.

Welch ein Verlust für die Bundesrepublik Deutschland.

Insgesamt hielt ich es fast ein Jahr beim sogenannten Schutz- und Begleitdienst aus. Dann war ich so frustriert und wollt endlich mal »richtige« Polizeiarbeit leisten. Hier kam mir das inzwischen recht gute Verhältnis zu meinem Schützling, der ja immerhin der Leiter der Abteilung Terrorismus war, zugute. In einem persönlichen Gespräch legte ich ihm meine Abwanderungsgedanken und die Gründe dafür dar - und er hatte Verständnis und fragte mich lediglich noch: "Sag mir, wohin du willst und ich sehe, was ich machen kann."

Dritte Station: Terrorismusbekämpfung

Auch beim Studium der einzelnen Arbeitsbereiche in der Terrorismusabteilung musste ich feststellen, dass es nicht nur in der Bevölkerung große Wissenslücken und Missverständnisse gab, was die eigentliche Tätigkeit dieser Truppe anging.

In drei Gruppen und nochmals je drei Referaten pro Gruppe wurden viele Arbeiten geleistet, die nach meinem Gefühl so gar nichts mit »richtiger« Polizeiarbeit zu tun hatten. Da ging es überwiegend um Bürotätigkeiten, die mit Aktenstudium, Auswertung von schriftlichen Unterlagen und Erstellung von Fahndungsaufrufen etc. zu tun hatten. Vieles war so aufregend wie die Tätigkeit eines Finanzbeamten, der die Steuererklärung von Lieschen Müller kontrolliert, durchrechnet und anschließend einen Steuerbescheid erstellt. Da ich zu dieser Zeit noch immer wie die meisten jungen Leute (wir schreiben das Jahr 1978 und ich war gerade mal dreiundzwanzig) so richtig auf Action gepolt war und für mich richtige Polizeiarbeit nur aus "ermitteln, durchsuchen und festnehmen" bestand, führte mich mein Wunsch zwangsläufig an die einzige Stelle, die meiner

Meinung diesem Anspruch gerecht wurde: das Referat TE 11.

Das war *DAS* Referat, in dem *DIE* Ermittlungen zu Terroristen und den von ihnen begangenen Straftaten durchgeführt wurden. Bei jedem Anschlag der RAF rückte diese Truppe aus und ermittelte, durchsuchte und nahm sogar Leute fest. Im Jahr 1978 ermittelte man noch immer nach den Hintergründen der Schleyer-Entführung, fahndete nach Tätern und entdeckte immer neue Zusammenhänge, konspirative Wohnungen und Unterstützer der RAF.

Da gab es wirklich genug für jeden zu tun und die Frage nach Arbeitszeiten entsprechend der Arbeitszeitverordnung mit festgelegten maximalen Stunden, die man am Stück arbeiten durfte, stellte niemand ... noch nicht mal im Traum.

Wochen mit siebzig oder achtzig Arbeitsstunden waren keine Seltenheit. Arbeiten am Samstag oder Sonntag war die Normalität - zumindest, wenn gerade mal wieder etwas passiert war. Auch bei vierzehn Tagen arbeiten ohne freien Tag, wäre keiner auf die Idee gekommen, den Personalrat anzurufen und von Überlastung zu reden. Den Begriff Burn-out gab es damals wohl noch nicht. Wenn jemand nach so einem Marathon dann mal »ziemlich kaputt« war, hat er höflichst angefragt, ober er mal ein oder zwei Tage freimachen durfte. Na ja, das waren eben noch andere Zeiten, wobei ich nicht behaupten will, dass sie besser waren.

Den einzelnen Arbeitsgruppen in diesem großen Referat standen gestandene Hauptkommissare (das waren zu dieser Zeit noch echte Götter für einen kleinen Kommissar wie mich) vor. Ein solcher sorgte dann auch für meinen ersten Knacks in sowohl der von mir angenommenen Qualifikation dieser Fast-Götter, als auch in meiner Seele.

Entgegen allem, was man in Krimis im Fernsehen immer wieder sieht bzw. hört, sind Polizeibeamte, die jeden Tag zusammenarbeiten und sich auch in brenzligen Situationen gegenseitig den Rücken freihalten, per Du! Auch wenn sie von ein paar Dienstgraden getrennt werden. Man verbringt oft mehr Zeit miteinander als mit der Ehefrau, der Freundin und den Sportkameraden (zusammen) und es passt irgendwie nicht, wenn man bei einem Einsatz rufen muss: »Schnell, laufen Sie hinten rum, ich halte Ihnen von hier aus den Rücken frei!«

Natürlich dauert es manchmal ein paar Tage, bis ein lebensälterer und nach Dienstrang auch noch vorgesetzter Kollege einem das Du anbietet. Zuerst wird natürlich mal abgeprüft, ob man kein Arschloch ist, klar.

Besagter Fast-Gott und mein direkter Vorgesetzter, ein Berliner Haudegen, der noch bei der berittenen Polizei in Berlin gedient hatte, nahm mich bei der ersten gemeinsamen Dienstreise abends zur Seite und bot mir an, dass wir nun ein Glas Bier trinken würden und danach dürfte ich ihn duzen. Ich machte ihn höflich darauf aufmerksam, dass ich leider kein Bier tränke, denn zu dieser Zeit war ich noch bekennender Anti-Alkoholiker. Die Reaktion war überraschend: Also selbstverständlich hätte ich die Wahl, aber ich würde nun entweder sofort ein Bier trinken, oder ich könne das mit dem Duzen vergessen - und zwar bis in alle Ewigkeiten!

Obwohl ich bis zu diesem Moment in meiner jugendlichen Glorifizierung gedacht hatte, einen Halbgott wie ihn zu duzen sei das erstrebenswerteste Ziel, das man sich vorstellen könnte, regte sich erstmals in mir der Widerspruchsgeist (der mich auch zukünftig immer dann verfolgen sollte, wenn ich etwas als Unrecht oder dumm empfand und der mich mehr als einmal beinahe den Kopf gekostet hätte).

Ich sagte ihm deutlich, wo er sich sein »Du« hinstecken könnte und seit diesem Tag waren wir alles andere als beste Freunde. Aber wer braucht schon Freunde?

***

Die folgenden 6 Jahre waren gekennzeichnet von zahlreichen Anschlägen der RAF aber auch von Festnahmen hochrangiger Mitglieder dieser terroristischen Vereinigung im In- und Ausland. Das bedeutete für uns zahlreiche sogenannte Sonderkommissionen, immer dann, wenn etwas Herausragendes passierte. Wir rückten an den jeweiligen Ort des Geschehens aus, verbrachten dort längere Zeit mit intensiven Ermittlungen zu Tathergängen, welche Personen beteiligt waren oder - nach Festnahmen - was die Herren und Damen Terroristen wohl gerade da gemacht hatten, wo sie festgenommen werden konnten. Wenn wir der Meinung waren, es gäbe nichts mehr zu ermitteln, packten wir die zentnerweise entstandenen Akten zusammen und reisten zurück nach Hause, um die ganzen Papierberge zu sichten, zu verarbeiten und die letzten Erkenntnisse herauszufiltern.

Es war eine arbeitsreiche Zeit, aber sie führte auch dazu, dass unsere Truppe zusammengeschweißt wurde, wie ich es nie mehr sonst erleben konnte. Wenn man so viel Zeit zusammen in der Fremde verbrachte, dann kannte man sich gut und verbrachte auch die Freizeit miteinander. Das bedeutete, dass wir in der Regel alle paar Wochen eine Grillfete auf irgendeinem Grillplatz im Taunus veranstalteten (inzwischen war die Abteilung Terrorismus von Bad Godesberg nach Wiesbaden umgezogen), die meist in einem schweren Besäufnis endete.

Inzwischen hatte ich mich doch vom Anti-Alkoholiker zum Gelegenheits-Alkoholtrinker entwickelt, was der Geselligkeit dienlich war. Es mag auch sein, dass ich - leicht beeinflussbar wie ich immer noch war - einem Spruch meines Chefs, den ich vergötterte, gefolgt war: »Traue niemals jemandem, der sich weigert, Alkohol zu trinken, vermutlich hat er etwas zu verbergen!«

Ich habe tatsächlich im Laufe der Jahre bestätigt bekommen, dass zu starker Alkoholgenuss den wahren Charakter sowie die jeweilige Gemütslage erscheinen lässt. Der grundsätzlich aggressive Charakter wird immer mehr auf Krawall gebürstet, der melancholische Mensch mit Liebeskummer wird rührselig und irgendwann vermutlich das heulende Elend bekommen. Ich selbst zählte schon damals zu den lustigen Typen, die sich grundsätzlich als Aushilfskomiker sahen, und demzufolge wurde ich bei Alkoholgenuss eher albern.

Dieses grundsätzliche Prinzip der Verhaltensmaximierung führte aber bei solchen Grillveranstaltungen bisweilen zu recht gefährlichen Situationen. Der Kollege, der sich in maßloser Selbstüberschätzung als zu schlecht beurteilt fühlte und deshalb seine Chancen bei der nächsten Beförderung schwinden sah, hatte seiner Ansicht nach alles Recht, sich mal wieder so richtig die Kanne zu geben. Das wiederum führte bei ihm einen Zustand herbei, der schließlich in einer sehr gefährlichen Aktion endete. Allerdings nicht für ihn, sondern für unseren Gruppenleiter, den er für die seiner Meinung nach ungerechte Beurteilung verantwortlich machte. Der wiederum hatte den Fehler begangen, zu besagter Grillfete seine Krawatte anzulassen. So eskalierte die Situation, die damit begann, dass der Kollege ihn anlallte, warum er so eine schlechte Beurteilung bekommen hatte. Am Ende hatte er den hohen Chef an besagtem Kleidungsstück gepackt und zog den Knoten so eng zu, dass dieser aufgrund eintretender Atemnot einen ziemlich roten Kopf bekam.

Nur mit vereinten Kräften gelang es einigen beherzten Kollegen, zu verhindern, dass eine hochdotierte Stelle als Leitender Kriminaldirektor überraschend frei wurde und neu besetzt hätte werden müssen.

Man sieht an diesem Beispiel deutlich: Auch im Umfeld von Polizeibeamten, ja sogar hochspezialisierten Kriminalbeamten, findet man genau ein Spiegelbild der Bevölkerung mit all ihren Schwächen und Stärken wieder.

***

Zwei dieser Exemplare der Kategorie »Schwächen« sind mir dabei in besonders guter Erinnerung.

Den Ersten lernte ich schon gleich zu Beginn meiner Tätigkeit in der Terrorismusbekämpfung kennen: Klaus Urbatzka (Name verändert), von allen liebevoll nur »Urbi« genannt. Urbi war in seiner Jugend Boxer gewesen, stand im Range eines Hauptkommissars und alle, wirklich alle waren der Meinung, er habe mit Sicherheit mehr als einen Kampf zuviel gehabt. Er hatte die Tendenz, alle Halbsätze mit der mehrfachen

Wiederholung des letzten Wortes zu beenden, wobei er auch in einem sehr schnellen Stakkato sprach und auch schon mal Worte verballhornte, dass man schon sehr genau hinhören musste, um zu verstehen, was er meinte.

Gespräche mit ihm am Kopierer (damals gab es noch keine Computer, mit denen man alles so oft ausdrucken konnte, dass man anschließend fünfzig Blatt als Schmierpapier verwenden konnte) konnten dann schon mal so ablaufen: »Na Dirk, alles okay .. kay .. kay. Was macht Beförderung .. förderung .. förderung? Ma wieder paar Terristen geschnappt .. schnappt, hä hä. Gute Sache ... musste machen .. Terristen schnappen .. schnappen. Kommste schnell weiter .. Beförderung .. verstehste ..stehste.«

Das war sein Ding - die Ausrottung aller Terroristen, koste es, was es wolle. Er konnte aufgrund seiner sprachlichen Eigenarten dazu nicht mehr an vorderster Front beitragen und war daher eher Mädchen für alles, Organisator und Beschaffer.

Allerdings haperte es auch mit der Technik bei ihm. Immer dann, wenn man einen Kopierer aufsuchte und dieser nicht mehr funktionierte, wurde die Vermutung geäußert, dass Urbi als Letzter dran gewesen war und schnell hatte er den Spitznamen »AblimaKi« erhalten: Der Ablichtungsmaschinen-Killer!

Den Höhepunkt seiner zweifelhaften Karriere erreichte er allerdings, als er eine Veranstaltung organisieren durfte, bei der sich alle Beteiligten an der Sonderkommission Schleyer zu einem großen Treffen, ein Jahr nach Abschluss der Ermittlungen trafen. Eine riesige Veranstaltung, an der nicht nur die Polizisten des BKA teilnahmen, sondern auch hochrangige Mitarbeiter aller beteiligten Länderpolizeien, Vertreter des Innenministeriums, der Leiter der GSG9 Ulrich Wegener mit Gefolge, aber auch ausländische Polizeibeamte aus Frankreich, Österreich, der Schweiz sowie Vertreter der Botschaften verschiedener Länder. Hier ist besonders der Botschafter der Vereinigten Staaten von Amerika zu nennen, der an diesem Abend das Pech hatte, direkt neben dem Organisator dieser Großveranstaltung zu sitzen - neben Urbi!

Es wurden zahlreiche Reden gehalten, man versicherte sich gegenseitig nie endender Freundschaft, alle wurden wegen der guten Zusammenarbeit gelobt und schließlich sollte der Abend mit einem Essen und anschließendem Umtrunk enden. Da Urbi nun ja schon mal neben dem US-Botschafter saß, meinte er, diesen in die

Geheimnisse der deutschen Sichtweise auf den besten Umgang mit terroristischen Gewalttätern einweihen zu müssen.

»Terristen .. Terristen ... besten alle anne Wand stellen .. stellen .. bam bam bam .. kennen se doch .. nich wahr .. wahr.. nur toter Indianer is guter Indianer, hä hä hä, kennse doch .. nich wahr?«

Ganz offensichtlich fand der US-Botschafter diese Anspielung auf eines der schwärzesten Kapitel der amerikanischen Geschichte weder erhellend noch witzig, was dazu führte, dass man am nächsten Tag einen tobenden Abteilungsleiter Boeden erleben durfte. Urbi erhielt für den Rest seiner Dienstzeit absolutes Ausgehverbot, durfte mit niemandem außerhalb der Behörde mehr telefonieren und schon gar nichts mehr organisieren, was mit Personen außerhalb des BKA zu tun hatte.

Irgendwie tat er uns schon leid, hatte doch seine Ansage zwar den US-Botschafter nicht erheitert, uns aber auf Jahre hinaus einen nie enden wollenden Running-Gag geliefert, an den sich alle Beteiligten auch fünfunddreißig Jahre später noch gerne erinnern. Letztendlich hat dieses Ereignis auch dazu beigetragen, Urbi zumindest in unserer Erinnerung unsterblich zu machen.

Der zweite Kollege, der auf jeden, der ihn kannte, einen bleibenden Eindruck gemacht hat, war ... nennen wir ihn mal Dieter A.!

Es begann damit, dass er sich im Einsatz, wenn wir auf einer Sonderkommission unterwegs waren, nun ja ... zumindest seltsam oder komisch verhielt. So konnte es vorkommen, dass man ihn in seinem Büro antraf, wo er wenige Zentimeter vor einer leeren weißen Wand stand, die Hände hinter dem Rücken und leicht auf den Zehen wippend unverwandt gegen diese Wand starrte.

Minuten lang.

Viele Minuten lang.

So lange, dass wir Zeit hatten, alle Kolleginnen und Kollegen zu informieren, sie sollten mal unauffällig an seinem Büro vorbeigehen und sehen, wie man eine leere Wand anstarren konnte. Es ist ja landläufig als die sogenannte Oberbeamtenprüfung bekannt, dass man eine festgesetzte Zeitspanne aus dem Fenster in die Landschaft kucken können muss, möglichst ohne dabei etwas zu denken. Dieters Verhaltensweise war aber schon eine Steigerung und veranlasste uns nach anfänglicher

Belustigung, uns doch ein wenig Sorgen zu machen.

Bald darauf erhielt sein Verhalten noch eine Steigerung. Außer bei Besprechungen waren unsere Büros eigentlich immer offen. Nun passierte es zunehmend, dass plötzlich Dieter in der offenen Tür stand, die Hände hinter dem Rücken, leicht auf den Zehen wippend, dabei die Lippen ein wenig schürzte und Äußerungen wie »So so!« oder »Hmmm ... gut!« Von sich gab. Dabei reagierte er nicht auf Ansprachen, kam auch nicht weiter ins Büro, sondern blieb wippenderweise dort einige Minuten stehen, bis er dann ohne weiteren Kommentar weiterging - zum nächsten Büro.

Irgendwann gewöhnt man sich an die skurrilste Verhaltensweise und wir ignorierten ihn einfach. Bis dann der Verdacht aufkam, dass genau das sein Ziel sein könnte. Als der Erste die Vermutung äußerte, dass Dieter trotz seiner erst Mitte dreißig auf eine Frühpensionierung aufgrund der Diagnose »Sockenschuss« hinarbeitete, fingen wir an, sein Verhalten mit anderen Augen zu sehen. Was die Arbeit anging, war er eigentlich schon nicht mehr tragbar. Er nahm willig alle Arbeiten an, ließ sie dann aber in einer Schublade verschwinden und irgendwann auf den Fortgang angesprochen, behauptete er: »Oh, ja das, ach ja, das habe ich vergessen.«

Auf diesen Mangel angesprochen, gab er Vorgesetzten gegenüber an, dass er grundsätzlich alles erledigen wollte, es aber irgendwie nicht schaffte - er wisse nicht warum.

Mir ist nicht bekannt, wann der Begriff Burn-out geboren wurde, aber lange Zeit hegte ich den Verdacht, dass Dieter dieses Symptom der sogenannten Überarbeitung oder des Ausgebrannt-Seins erschaffen hatte.

Manchmal hatte sein Verhalten auch sehr unterhaltsame Züge, zum Beispiel, wenn er bei einer Sonderkommission einen Auftrag erhielt, irgendwohin zu fahren und eine Ermittlung durchzuführen. Dann schnappte er sich eine Mappe mit Fahrzeugpapieren und Schlüsseln, verließ das Büro und die gesamte anwesende Truppe stürzte zum Fenster, um das nun folgende zu beobachten. Voraussetzung war, dass der Abstellort des Wagens, den er im Begriff war zu nutzen, auch von wenigstens einem Büro einsehbar war. Dann passierte bisweilen Folgendes:

Dieter ging auf das Fahrzeug zu, öffnet es mit dem Schlüssel, stieg ein - und kurz darauf wieder aus. Dann ging er um das Fahrzeug herum, kontrollierte mehrfach alle Reifen, aber nicht nur einmal, sondern bis zu fünf Umrundungen des Fahrzeuges. Dann stieg er wieder ein, ließ den Wagen an und setzte einen Blinker. Der musste dann natürlich durch erneutes Verlassen des Fahrzeuges kontrolliert werden, sowohl vorne als auch hinten. Dasselbe mit dem Blinker auf der anderen Seite. Danach die Warnblinkanlage. Und wieder raus und alles kontrollieren. Zum Abschluss nochmal zur Sicherheit zwei bis drei Runden um das Fahrzeug, ob nicht inzwischen eine Reifenpanne aufgetreten war. Bis er letztendlich losfuhr, verging oft eine Zeitspanne von zehn bis fünfzehn Minuten. Sehr zu unserer Erheiterung, denn wir versuchten immer, die nächste Handlung vorauszusagen. Irgendwann fuhr er dann endlich los. Die Krönung war aber, dass er nach einer halben Stunde zurückkam und die gleiche Prozedur mit dem sicheren Verschließen des Fahrzeuges wiederholte. Abschließen - drum rum gehen - jede Tür kontrollieren - nochmal drum rum - Tür wieder kontrollieren und so weiter. Anschließend kam er dann mit einer Tüte vom Bäcker und einer vom Metzger wieder in unsere Diensträume und nach dem Ergebnis seiner Ermittlungen gefragt, kam ein überraschtes: »Oh, das hab ich ganz vergessen. Da wollte ich ja eigentlich noch hin.«

Im Laufe von drei Jahren wechselte er die Arbeitsbereiche öfter als manch anderer die Unterhose und irgendwann hörten wir, dass er nach mehreren Terminen beim Amtsarzt in Frühpension geschickt worden war.

Bis heute ist wohl allen unklar, ob er ein genialer Simulant und Schauspieler vom Range eines Felix Krull (Thomas Mann: Bekenntnisse des Hochstaplers Felix Krull) oder aber wirklich ein armer und bedauernswerter Kollege mit einer geistigen Erkrankung war. Vielen galt er lange als Vorbild für hinter vorgehaltener Hand gepflegte Phantasien, wie man erfolgreich den Ausstieg aus der werktätigen Bevölkerung schaffen könnte, ohne dabei seine Ansprüche auf Pension zu verlieren. Allerdings habe ich nie wieder so einen Fall erlebt, da den meisten wohl der Mut und der Durchhaltewille fehlen, über eine so lange Zeit der belächelte »Idiot« zu sein, den niemand für voll nimmt. Sollte Dieter wirklich ein Schauspieler gewesen sein, so gehört ihm eigentlich noch heute zumindest eine Oscar-Nominierung.

***

Noch schöner als diese - eigentlich mit einem möglicherweise tragischen Hintergrund versehene - Geschichte, sind die alltäglichen Missgeschicke, wie sie jedermann in jedem Beruf widerfahren können, die aber bei einem Polizisten oft wesentlich dramatischere Auswirkungen haben können.

Ich denke da an den Kollegen, der einen Top-Terroristen auf der Verlegung von einem Hochsicherheitsgefängnis in ein anderes begleiten durfte - sorry, musste. Solche Verlegungen von Terroristen von einer zur anderen Vollzugsanstalt wurden meist mit Hubschraubern des Bundesgrenzschutzes durchgeführt. Eine interessante und bei vielen sehr begehrte Aktion. Obwohl der Kollege, der diesen Transport begleitete, im Nachgang zu einer zweifelhaften Berühmtheit kam, nenne ich ihn dennoch hier mal nur Wilfried X.

Wilfried war ein sehr engagierter und rühriger Kollege, der es sehr ernst mit seiner Berufung nahm und sich wirklich auch Gedanken über seine Arbeit, aber auch über die verquere Denkweise der Terroristen machte. Was lag also näher, als auf dem Transport den Herren Terroristen mal ins Gebet zu nehmen, denn Zeit dafür hatte man ja ausreichend und der

Gesprächspartner konnte sich auch nicht einfach umdrehen und weggehen. Zur Kommunikation innerhalb des BGS-Hubschraubers - der damals noch eine normale Unterhaltung wegen der hohen Lautstärke im Innenraum unmöglich machte - hatten die Passagiere Kopfhörer zum Schutz vor dem Lärm und ein daran angebrachtes Mikrophon zur Unterhaltung untereinander, ein sogenanntes »Sprechgeschirr« auf. Deshalb konnte der Herr Terrorist sich noch nicht mal die Ohren zuhalten, wenn er die Ausführungen des Beamten nicht hören wollte, da er auch noch gefesselt war.

Also versuchte Wilfried, den verirrten Straftäter auf den Boden der freiheitlich-demokratischen Grundordnung zu holen. Er legte ihm dar, wie schön es doch in der Bundesrepublik sei, was für ein toller Staat wir seien und dass er gar nicht verstehen könne, warum man dagegen kämpfen sollte. Ganz offensichtlich steigerte er sich so in seine Überzeugungsarbeit hinein, dass er sich auf den eigentlichen Flug im Hubschrauber nicht mehr wirklich konzentrierte.

Später schilderte der transportierte Terrorist seinen Genossen der RAF in Briefen, was sich weiter abspielte. Der Beamte habe ihm klarmachen wollen:

»Also wirklich ... (Pause, schweres Schlucken) ... Sie müssen doch zugeben ... (Pause, heftiges Atmen und schweres Schlucken) ... also, dass ... (noch schwereres Schlucken) ... die Bundesrepublik Deutschland ... (heftiges schnelles Atmen) ... das ist doch ... (Schlucken) ... die ist doch, also wirklich (letztes Schlucken) ... der demokratischste Staat auf der ganzen .. (heftiges und andauerndes Erbrechen!)«

Der arme Wilfried musste feststellen, dass man sich bei Flügen in Hubschraubern, vor allem dann, wenn man nicht so wirklich flugtauglich ist, doch besser auf sein eigenes Wohlbefinden als auf die Bekehrung eines Terroristen konzentrieren sollte. Die Absicht war sicherlich eine Gute - das Ergebnis aber doch eher kontraproduktiv. Hinzu kam, dass der Terrorist sich in den Briefen an die Mitgefangenen dahingehen äußerte, dass man da mal sehen könnte, wie sehr dieser Staat auch einem angeblichen treuen Staatsdiener auf den Magen schlagen würde.

Alles, was Sie dagegen ins Feld führen könnten, hört sich wie eine Ausrede an, also lassen Sie's besser.

***

Jeder handwerkliche Beruf hat seine Werkzeuge und damit auch seine ganz individuellen Gefahren. Der Zimmermann haut sich schon mal mit dem Hammer auf den Daumen, der Tapezierer kann von der Leiter fallen, der Dachdecker vom Gerüst oder Dach und der Fließbandarbeiter bohrt sich auch schon mal ein Loch durch die Hand. Das tut alles weh und zählt zu den normalen Risiken eines jeden Berufes. Da sind die Risiken im Polizeiberuf natürlich schon andere. Sieht man mal von den Unglücken im Dienstwagen bei Verfolgungsfahrten ab, zählen wohl die Unfälle mit der Dienstwaffe zu den herausragenden Ereignissen, die einen Polizisten ereilen können. Der bereits an früherer Stelle erwähnte Schuss durch den eigenen Fuß ist dabei kein Einzelfall - das kommt halt schon mal vor. Viel peinlicher ist da allerdings, wenn sich in der Hektik beim Ausrücken zu einem überraschend angesetzten Einsatz beim Durchladen der Waffe im Büro ein Schuss löst, wie es einem Kollegen von uns passierte. Unpraktischerweise sind Büroräumlichkeiten für solche Eventualitäten nicht gerüstet und die Stärke der Wände nicht dazu gedacht, mehr als ein lautes Wort abzuhalten. Als sich der Schuss aus seiner Waffe löste, hielt er diese leider gerade waagerecht und der Schuss ging nicht nur durch einen Aktenordner, der auf seinem Schreibtisch stand, sondern auch durch die Zimmerwand, vorbei an einem im Nachbarbüro sitzenden Kollegen und blieb dort in der Wand stecken. Sowas nennt man dann Glück im Unglück.

Noch mehr Unglück hatte die Lehrgangskollegin von mir, bei der sich auf dem Parkplatz, kurz vor der Fahrt in den Einsatz, ein Schuss aus der Maschinenpistole löste und leider in den Tank des Einsatzfahrzeuges einschlug. Dies führte zur Fahruntauglichkeit des Wagens und ihrer mittelfristigen Erkrankung wegen eines schweren Nervenzusammenbruchs.

Die Steigerung eines Pkw ist allerdings das Flugzeug. Seinen Einstand mit Getöse feierte ein Kollege von uns, der kurz zuvor zur Abteilung SG (Sicherungsgruppe) gewechselt war, einen Politiker auf einem Flug ins Ausland begleiten sollte und pflichtgemäß seine Waffe beim Piloten im Cockpit abgeben wollte. Die Frage, ob die Waffe entladen sei, verunsicherte den Kollegen offensichtlich so sehr, dass sich in seinem Bemühen, es nachzuprüfen, ein Schuss löste und zum Glück für die Lufthansa nicht den Piloten oder Copiloten traf, sondern »nur« in der Armaturentafel des Cockpits einschlug und die Maschine auf einen Schlag fluguntauglich machte.

Versuchen Sie mal, sich in die Situation des bedauernswerten Kollegen zu versetzen: ICH hätte sehr wahrscheinlich so lange krankgemacht, bis sich keiner mehr an den Vorfall erinnerte oder ihn mit mir in Verbindung bringen würde - also vermutlich für immer!

***

Die nachfolgende Geschichte kann ich zwar nicht aus eigenem Erleben berichten, allerdings wurde sie mir von dem Betroffenen selbst erzählt, was ihren Wahrheitsgehalt und ihre Glaubwürdigkeit wesentlich steigerte, da er sich wahrlich nicht mit Ruhm bekleckert hatte - auch wenn sie sich im Nachhinein wie ein schlechter Witz anhörte.

Der junge Kollege der Abteilung Terrorismus, den ich im Folgenden mal »Günther« nennen will, war einer derjenigen, die es aus Abenteuerlust in einen Bereich trieb, den andere bewusst mieden.

Mitte der Achtzigerjahre war die Stadt Beirut, die Hauptstadt des Libanon, aufgrund des dort herrschenden Bürgerkrieges ein wirklich gefährliches Pflaster, was dazu führte, dass die dortige Deutsche Botschaft und deren Mitarbeiter einen besonderen Schutz verdienten. Deshalb wurden immer wieder deutsche Polizeibeamte gesucht, die das Team der Sicherheitskräfte in der Botschaft befristet verstärken sollten. Da unser Kollege Günther fremde Länder und Kulturen kennenlernen wollte und auch dem in der Gefährlichkeit einer solchen Tätigkeit begründeten »Doppelten Gehalt« nicht abgeneigt war, verpflichtete er sich für mehrere Monate für diese Tätigkeit.

Wie er mit glaubhaft berichtete, habe ihm das Aufpassen auf den stellvertretenden Botschafter auch gut gefallen und gegen Ende seiner Zeit dort, wünschte er sich ein schönes Andenken. Er hatte gehört, dass es einen Punkt in den angrenzenden Bergen gäbe, von wo aus man einen phantastischen Blick über ganz Beirut habe und wollte dort gerne ein Foto der Stadt machen. Sein unmittelbarer Vorgesetzter, ebenfalls ein Beamter des BKA, aber älter und erfahrener - ich will ihn ab nun mal »Kurt« nennen, hatte Verständnis für diesen Wunsch. Er stellte ihm ein Dienstfahrzeug der Botschaft für diesen Ausflug zur Verfügung und beschrieb ihm genauesten den Weg zu diesem berühmten Aussichtspunkt.

Am späten Vormittag machte Günther sich mit einer guten Kamera bewaffnet auf den Weg, um sein Erinnerungsfoto zu schießen. Als er am späten Nachmittag noch nicht zurückgekehrt war, begann Kurt, sich ernsthafte Gedanken zu machen. Am nächsten Morgen kam Günther zurück und nach dem Grund seiner langen Abwesenheit gefragt, erzählte er lediglich, er habe das Foto leider nicht machen können. Auch gefragt, ob er die Stelle nicht gefunden habe, sagt er lediglich immer wieder, das Foto sei halt leider nicht zustande gekommen.

Daraufhin erklärte Kurt, dem der junge Kollege irgendwie leid tat, sich bereit, an seiner Stelle das Foto zu machen, er kenne die Stelle genau und dann sollte es auch klappen. Überaus dankbar nahm Günther dieses Angebot an und überreichte ihm seine Kamera.

Also machte Kurt sich am nächsten Morgen gleichfalls auf den Weg, das besagte Erinnerungsfoto zu schießen. Allerdings kehrte auch er an diesem Tag nicht wieder zurück. Als er am nächsten Morgen in der Botschaft erschien, war er nicht nur missgelaunt, sondern regelrecht sauer und geladen.

Lautstark fluchend beschwerte er sich immer wieder über diese bescheuerte Hisbollah-Miliz, die schiitische libanesische Schutztruppe, die der Meinung waren, den Libanon vor Israel beschützen zu müssen.

Gefragt, was denn genau passiert sei, schilderte Kurt, dass er mit dem Wagen ganz kurz vor dem berühmten Aussichtspunkt in einer Kontrolle der Hisbollah-Miliz gefahren sei, die zwar seinen diplomatischen Status grundsätzlich anerkannt hätte, ihn aber trotzdem über Nacht festgehalten hätten, um angeblich seine Ausweispapiere zu überprüfen.

Die Krönung der Geschichte war aber nicht dieser Umstand, sondern das, was mein junger

Kollege Günther daraufhin zu seinem Vorgesetzten sagte:

„Nicht wahr, das ist doch echt ärgerlich. Genau das Gleiche ist mir vorgestern auch passiert!"

***

Irgendjemand wird sich vielleicht über kurz oder lang auch mal fragen, was wir in der Abteilung Terrorismus denn so trieben, wenn es mal nicht hoch herging. Wenn die Sonderkommission vorbei war und die Aktenberge ausgewertet waren und mal eine etwas ruhigere Zeit anbrach.

Kennen Sie das Feuerwehrprinzip? Sicher kennen Sie das! Kein Mensch käme auf die Idee, die Feuerwehr abzuschaffen, nur weil es mal drei Wochen nicht gebrannt hat. Mit Bränden verhält es sich ähnlich wie mit terroristischen Anschlägen: Mal gibt es in kurzer Zeit eine Häufung, mal passiert über eine längere Zeit nichts.

Eine solche Zeit kann man dazu nutzen, angestaute Überstunden abzubauen, noch nicht genommenen Urlaub endlich zu nehmen oder eben sich im Büro irgendwie die Zeit zu vertreiben.

Letzteres hatte gerade gegen Ende meiner Tätigkeit in diesem Arbeitsbereich teilweise höchst skurrile Züge angenommen. Mal abgesehen davon, dass wir jeden Freitag Wettkämpfe in der schnellstmöglichen Lösung des Rätsels in der »Zeit«, das da »um die Ecke gedacht« hieß, veranstalteten, versuchten wir täglich, uns etwas Neues auszudenken, was sowohl den Intellekt förderte, als auch die Zeit totschlagen half. Eine Möglichkeit ist mir in Erinnerung geblieben, die daraus entstand, dass man immer beim täglichen Gang zum Mittagessen alle Entgegenkommenden mit einem fröhlich zugerufenen »Mahlzeit« begrüßte. Irgendwann kam mal einer auf die Idee, den Entgegenkommenden auch Begriffe wie "Freizeit" oder "Auszeit" zuzurufen.

Nicht lange danach saßen wir wieder in unseren Büros und starteten einen Wettkampf, wer in einer vorgegebenen Zeit die meisten zusammengesetzten Hauptworte mit »...zeit« zustande brachte. Versuchen Sie es ruhig mal, sie kommen sicher sehr schnell auf eine ansehnliche Anzahl. Die mir gegenübersitzende Kollegin und ich kämpften uns gerade über »Hochzeit«, »Teilzeit«, »Friedenszeit« und »Gleitzeit« zu den ausgefalleneren Begriffen, als unser Chef, mein Idol Karl-Heinz »Charly« Pähler, in der Tür stand und uns - ob unserer intensiven Beschäftigung mit irgendwas - interessiert fragte: »Was macht ihr denn gerade?«

Erwischt. Da wir aber vor unserem Chef eigentlich kaum Geheimnisse hatten, weihten wir ihn in unseren Wettkampf ein, nicht ohne darauf hinzuweisen, dass wir uns dranhalten müssten, um nicht den Anschluss zu verlieren. Er fragte uns entgeistert, ob wir sie - gelinde gesagt - »noch alle hätten«. Wir sollten gefälligst was Vernünftiges arbeiten und uns nicht mit Kinderspielen beschäftigen. Wutschnaubend verließ er unser Büro und hinterließ zwei relativ geknickte Beamte, die den Gewinn des Wettkampfes abschrieben und anfingen, sich zu überlegen, was man denn »Vernünftiges« tun könnte. Unsere Überlegungen waren noch zu keinem echten Ergebnis gekommen, als Charly Pähler fünf Minuten später wieder in der Tür stand.

»Habt ihr denn schon Eiszeit?«

Ich kann mich heute nicht mehr erinnern, ob wir letztendlich mit seiner Hilfe gewonnen haben, aber so war er halt. Immer eine große Hilfe in allen Lebenslagen.

Er zählte zu den Menschen, die für mich stets ein Vorbild waren, denen ich nachzueifern versuchte und die als Vorgesetzte ihre Menschlichkeit nicht bei der Beförderung in ihren hohen Rang abgegeben haben. Hinzu kam, dass man ihm übel mitgespielt hatte.

Als Kriminaloberrat war er Inspektionsleiter des Polizeipräsidiums Köln gewesen, hatte bei der Sonderkommission Schleyer in Köln den Kontakt zum BKA bekommen und man hatte diesen überaus fähigen Mann mit Versprechungen bezüglich einer steilen Karriere abgeworben. Er hatte den Hauptanteil an der Wiederauffindung des Kölner Domschatzes gehabt, war von vielen in Köln sehr geschätzt und sollte es noch oft bereuen, auf die Versprechungen reingefallen zu sein. Aber so wurde er nach Abschluss der Soko Schleyer halt Referatsleiter des wichtigsten Referates in der Abteilung Terrorismus, des Referates TE 11 - Ermittlungen.

Er zählte zu den menschlichsten Vorgesetzten, die ich je erleben durfte, hatte immer ein offenes Ohr für die Sorgen und Nöte seiner Mitarbeiter und war jemand, der bemerkte, wenn einer oder eine von uns mal wieder wegen einer gescheiterten Ehe neben der Spur lief oder ihn ein anderer Schuh drückte. Dann nahm er den Kollegen oder die Kollegin zur Seite, fragte, "Was ist mit dir los? Hast du Probleme?" und wenn man ihm diese ehrlich schilderte, schickte er einen nach Hause mit der Maßgabe: "Klär erst mal deine Probleme, und komm wieder, wenn du dich auf die Arbeit konzentrieren kannst."

Er war es auch, der mir in einer brenzligen Situation, in die mich mein vorlautes Mundwerk gebracht hatte, den Arsch rettete.

Vorausgegangen war meine leihweise Teilnahme an einem Auslandseinsatz in Italien, wo wir mit einer kleinen Truppe unter Leitung eines Gruppenleiters (echt hohes Tier) auf die Einreise eines Terroristen am römischen Flughafen Leonardo da Vinci warteten. Der Hinweis kam von einem großen Deutschen Geheimdienst, der zwar nicht den genauen Einreisetag des Terroristen kannte, aber aus angeblich »sicherer Quelle« wusste, dass er unmittelbar bevorstehe. Also reisten wir nach Italien und postierten uns abwechselnd in Tag- und Nachtschichten hinter den italienischen Einreisekontrollbeamten und hielten nach besagtem Terroristen Ausschau. Eigentlich eine interessante und - man hatte schließlich auch Freizeit - abwechslungsreiche Dienstreise.

So dachten wir alle, zumindest in der ersten Woche. Nach der zweiten Woche begannen wir uns zu fragen, ob der Hinweis des Nachrichtendienstes wirklich so gut war. Mit »wir« meine ich die kleineren Beamten, denn unser vor Ort agierender Chef schien sich das nicht zu fragen. Wir baten ihn dann, doch noch mal nachzufragen, ob es neue Erkenntnisse gäbe und absehbar sei, wie lange wir noch worauf warten sollten, ob der Herr Terrorist sich irgendwann gnädigerweise zeigen würde.

Aber unser Einsatzleiter weigerte sich. Am Ende der dritten Woche sprach ich ihn nochmals darauf an, doch mal bei der Dienststelle nachzufragen, wie verlässlich die Quelle sei und ob wir vielleicht bis zum Sanktnimmerleinstag in Italien ausharren sollten. Als Antwort erhielt ich das, was mein Blut in Wallung brachte:

"Auf gar keinen Fall werde ich nachfragen. Wir haben einen Befehl und den führen wir aus, egal wie lange es dauert. Ein Beamter fragt nicht nach der Sinnhaftigkeit eines Befehls!"

Oh, oh. Das hätte er besser nicht sagen sollen. In mir regte sich der Widerstand und ein wenig unüberlegt antwortete ich ihm: "Also meines Wissens wurde das letzte Mal, als so ein Kadavergehorsam angesagt war, Deutschland noch von einem kleinen Österreicher mit Schnauzbart regiert."

Zumindest für mich stellte sich ein sofortiger Teilerfolg ein, denn ich konnte am gleichen Tag meinen Koffer packen und nach Hause zurückreisen. Gleichzeitig kündigte er mir aber ein Disziplinarverfahren wegen Beleidigung, Gehorsamsverweigerung und noch einiger anderer dubioser Delikte an. Er werde mit dem Präsidenten reden und dafür sorgen, dass mein Schandmaul ein für alle Mal gestopft und ich aus dem Dienst entfernt werden würde.

Am nächsten Tag stand ich wesentlich kleinlauter vor meinem Chef, Charly Pähler, der bereits darüber informiert worden war, das mal wieder einer seiner vorlauten Brut durch Insubordination und andere Vergehen unangenehm aufgefallen war. Ich hatte allerdings zum wiederholten Male in meiner Laufbahn das Glück, den richtigen Chef zur richtigen Zeit zu haben. Er zählte nicht zu den Leuten, die grundsätzlich bereits eine Vorverurteilung einläuteten, ohne vorher beide Seiten gehört zu haben. Also ließ er sich von mir ausführlich und ohne Zeitdruck schildern, was vorgefallen war. Als ich zum Ende kam, passierte das, was ich ihm nie vergessen werde. Er stand auf, kam zu mir und schüttelte mir die Hand. "Bravo. Das nenne ich Zivilcourage. Ich hätte diesem Idioten das Gleiche gesagt. Recht hast du gehabt und mach dir mal keine Sorgen, das regeln wir schon."

Er war auch keiner, der vorschnelle und leere Versprechungen machte. Er regelte es! Interessanterweise musste ich mich nicht mal bei dem von mir indirekt beleidigten Herrn entschuldigen und mir ist später zu Ohren gekommen, dass man ihm den Vorwurf machte, sich nicht schon früher mal gemeldet und nachgefragt zu haben. Die Kollegen kamen nur einen Tag nach mir auch aus Italien zurück.

Mein Glaube an eine Welt, in der es zumindest manchmal Gerechtigkeit gab, war wieder hergestellt.

***

Habe ich schon erwähnt, dass ich in manchen Dingen ein Pedant sein kann? Nein, nicht überaus ordentlich, aber manche sagen, ich sei sehr besserwisserisch und lasse andere Meinungen nicht gelten, wenn ich von etwas überzeugt sei. Das hat wohl seinen Grund. Ein

Ereignis hat mich gelehrt, noch heute Leute belehren zu müssen, wenn sie die Begriffe Etage, Stock, Stockwerk, Geschoss und Obergeschoss wild durcheinanderwerfen. Kleinlich denken Sie? Ich finde nicht, denn die missbräuchliche Nutzung dieser Begriffe kann katastrophale Folgen haben.

Es war ein Einsatz in Stuttgart, wo wir die Wohnung beziehungsweise eine Wohngemeinschaft der linken Szene stürmen und durchsuchen sollten, weil sich dort Unterstützer oder Sympathisanten der RAF aufhalten sollten. Ich war nicht der Einsatzleiter, sondern sollte lediglich bei der ordentlichen Durchsuchung der Wohnung unterstützen. Der Einsatzleiter war ein Kollege in meinem Alter, der noch nicht so viel Erfahrung hatte, die aber nun erlangen sollte. Soweit alles gut. Üblicherweise wurden solche Einsätze durch örtliche und deshalb ortskundige Kollegen unterstützt, die auch eine Aufklärung im Vorfeld betrieben, also sich Örtlichkeiten vorher ansahen, die besten Anfahrtswege festlegten und so weiter. Man wollte ja schließlich keine Überraschung erleben, wenn man am Einsatzort ankam. Also führte man auch vor Beginn der Aktion eine Einsatzbesprechung durch, an der alle teilnehmenden Kräfte darüber informiert werden sollten, warum man was mache und was man sich überhaupt davon erwarte.

Wiederum soweit alles gut.

Der gesamte Einsatz stand aber schon vor dem eigentlichen Beginn unter einem schlechten Stern, was damit anfing, dass beim Ausrücken mit allen Einsatzfahrzeugen vom Hof des Landeskriminalamtes Stuttgart, unser Einsatzleiter in seiner nachvollziehbaren Aufregung sein Auto mal auf die Schnelle zu Schrott fuhr. Er schaute zwar ordnungsgemäß nach hinten, bevor er den Wagen rückwärts von der Wand wegfahren wollte, vergaß aber, den Rückwärtsgang einzulegen - schwerer Fehler.

Nun gut, Sachschaden ist eine Sache, aber dadurch lassen wir uns den Einsatz doch nicht gefährden. Schnell in einen anderen Wagen eingestiegen und als Mitfahrer zum Einsatzort.

Unter dem Schutz von uniformierten Kollegen drangen wir in das fünfstöckige Mietshaus in einer Gegend von zwielichtigem Ruf ein, stürmten in den dritten Stock und fielen in die WG ein, in der Herr Y. wohnen sollte. Schnell waren alle Zimmer gesichert, und nachdem sich die Bewohner den Schlaf aus den Augen gerieben hatten - hatte ich erwähnt, dass es erst vier Uhr morgens war? - wurde nun nach Herrn Y. gefragt.

Die erste Gegenfrage war: "Haben Sie denn überhaupt einen Durchsuchungsbeschluss?"

Natürlich hatten wir einen und stolz überreichte unser Einsatzleiter den Fetzen Papier. "Wo ist Herr Y.?", stellte er wiederholt die Frage und bekam immer nur die patzige Antwort: "Nicht da!"

Was macht man in einem solchen Fall? Natürlich erst mal die Personalien aller Anwesenden klären oder zumindest es versuchen.

Parallel teilte der Einsatzleiter die Leute unseres Teams auf. Einer sollte die Wohnung skizzieren, ein anderer von einer zentralen Stelle aus die Durchsuchung koordinieren, wo auch alle ihre Einsatzutensilien wie Koffer mit Schreibmaterialien, Beweismitteltüten und alles, was man eben so braucht, unterbrachten, während unser Einsatzleiter immer noch krampfhaft versuchte, den Herrn Y. unter den Anwesenden Personen zu identifizieren oder zu erfahren, wo er sei.

Inzwischen war trotz der frühen Morgenstunde durch den unvermeidbaren Lärm das gesamte Haus aufgewacht und auf der Treppe ging es teilweise tumultartig zu.

Als wir dann anfingen, die ersten Schränke zu öffnen und Schubladen von Schreibtischen zu durchsuchen, wurde es dem Rädelsführer der WG zu bunt und er sprach unseren Einsatzleiter an: "Also jetzt ist es aber genug. Sie hören sofort auf. Und wenn Sie den Herrn Y. sprechen wollen, dann sollten Sie es vielleicht mal einen Stock tiefer versuchen. Da wohnt der nämlich!"

Vier Dinge spielten sich nun in sehr rascher Folge im Kopf unseres Einsatzleiters ab und waren seinem Gesicht überdeutlich anzusehen: Schock - Erkenntnis - Überlegung - Hektik!

Wir waren in der falschen Wohnung gelandet und die Drecksäcke hatten uns erst mal gewähren lassen, ohne uns gleich auf unseren Fehler aufmerksam zu machen. Für diese Wohnung galt unser Durchsuchungsbeschluss natürlich nicht, weshalb es nur eine mögliche Reaktion gab: So schnell wie möglich abbrechen und die richtige Wohnung aufsuchen. Genau das taten wir auch. In aller Eile packten wir unsere Habseligkeiten zusammen und stürmten - Einsatzleiter voran - nun natürlich viel zu spät in die genau darunter liegende Wohnung. Sollte es dort irgendetwas zu finden gegeben haben, gehörte das längst der Geschichte an.

Wir wurden von einem grinsenden Herrn Y. begrüßt, der uns offensichtlich erwartet hatte, nun den Durchsuchungsbeschluss in Empfang nahm und ihn aufmerksam studierte. Wir waren schon einige Minuten in der Wohnung, als unser immer noch sehr aufgeregter Einsatzleiter begann, alle Mann zu fragen, wer seinen Aktenkoffer aus der falschen Wohnung mitgenommen habe. Er bekam langsam hektische rote Flecken im Gesicht, vor allem, als sich herausstellte, dass der Kollege NIEMAND seinen Aktenkoffer mitgenommen hatte. Jeder hatte sich nur um seinen eigenen Kram gekümmert. Die roten Flecken verschwanden und machten Platz für eine Blässe, die jeder Leiche gut gestanden hätte, als dem Kollegen Einsatzleiter zusätzlich noch einfiel, dass er seine Waffe in den Aktenkoffer eingeschlossen hatte. Er hatte ihn ja sicher unter Aufsicht des eingeteilten Kollegen gewähnt. Also nichts wie wieder rauf in die andere Wohnung.

Als wir anklopften, meldete sich von innen eine hämisch klingende Stimme - und es stimmt, man hört einer Stimme an, wenn der Besitzer lächelt! -

"Ja bitte, Sie wünschen?"

"Bundeskriminalamt, wir müssen nochmal in die Wohnung."

"Ja, haben Sie denn auch einen Durchsuchungsbeschluss?"

Ja, natürlich hatten wir den, aber nicht für DIESE Wohnung. Eine etwas unglückliche Situation, was den Bewohnern wohl vollkommen bewusst war. Der Kollege Einsatzleiter war nun völlig überfordert und verzweifelt. Er verlegte sich von Drohungen aufs Betteln, den Appell an die Vernunft und was ihm sonst noch so einfiel.

Keine Sorge, er bekam seinen Koffer, seine Waffe und alle mitgeführten Unterlagen wieder. Man hatte schließlich ein Einsehen, wohl vor allem deshalb, weil ich drohte, wegen Gefahr im Verzug aufgrund einer in der Wohnung vergessenen Waffe der Polizei, die Tür einzutreten.

Und wodurch war der ganze Schlamassel entstanden? Durch den nicht ordnungsgemäßen Gebrauch von Begrifflichkeiten. Ist der 1. Stock das Erdgeschoss oder Parterre? Was ist der Unterschied zwischen Etage und Stockwerk? Hierbei ist zu beachten, dass im schwäbischen Raum oft das Erdgeschoss als 1. Stock (Stockwerk) bezeichnet wird, somit der 2. Stock (schwäbisch) auch als 1. Obergeschoss (hochdeutsch) bezeichnet werden könnte.

Genau hier hatte das Missverständnis seinen Lauf genommen. Die örtlichen Kollegen hatten bei der Einsatzvorbesprechung, in breitem schwäbischen Dialekt, aber aus ihrer Sicht richtig und unmissverständlich kundgetan: "Des isch im dridde Schtock!"

Gemeint hatten sie allerdings das 2. OG, wobei unser Herr Einsatzleiter unter dem 3. Stock das 3. OG verstanden hatte. Deshalb waren wir eine Etage zu hoch eingefallen.

Ganz schön kompliziert, oder? Vielleicht können Sie aber jetzt nachvollziehen, warum ich so pedantisch bin, wenn es um bestimmte Begrifflichkeiten geht. Der ganze Schlamassel hätte vermieden werden können, wenn man eine gemeinsame Sprache gesprochen hätte – oder wenigstens mal nachgefragt hätte, was genau gemeint sei.

***

Apropos Sprache: Eines der hervorstechendsten Merkmale des BKA war und ist, dass die Behörde auch international tätig wird. Das spielte für mich insofern eine Rolle, als dass die konspirativen Wohnungen der RAF eben nicht nur in Deutschland waren, sondern auch im Ausland entdeckt wurden - zum Beispiel in Paris.

Als im Jahr 1980 in Paris die konspirative Wohnung in der »Rue Flatters no. 4« entdeckt und unter anderem die Terroristin Sieglinde Hofman festgenommen worden war, wollten die deutschen Strafverfolgungsbehörden selbstverständlich vor Ort ermitteln - und zwar mit deutscher Gründlichkeit, wie sich das gehört. Das ging aber nicht so einfach, denn zuerst musste durch den Generalbundesanwalt ein Rechtshilfeersuchen an die französischen Behörden gestellt werden, damit deutsche Polizeibeamte nach Paris fahren konnten, um dort zusammen mit französischen Beamten die entsprechenden Nachforschungen anzustellen.

Da es damals mit den eMails noch nicht so weit her war, bediente man sich des Fax oder des Fernschreibens (für die jüngere Generation: Das war sowas wie eine Schreibmaschine mit Endlospapier, wo in Deutschland jemand schrieb und in Frankreich die Maschine ratterte, bis man in Deutschland aufhörte.) Nachdem das geklärt war, durften deutsche Polizisten nach Paris fahren und dreimal dürfen Sie raten, wen es unter anderem erwischte: genau - mich.

Auf meinen Einwand, dass ich kein Wort Französisch spräche, da ich in der Schule nur Englisch und Latein gehabt hatte, erklärte man mir, dass das nicht schlimm sei. Ich könne mich dort sicherlich auch gut in Englisch verständigen - meinte man.

Da ich aber schon immer ein glühender Vertreter der Auffassung war, dass man Ausländern gegenüber - zumindest in deren eigenem Land - eine gewisse Höflichkeit walten lassen muss, war ich todunglücklich darüber, dort absolut sprachunkundig anzukommen. Zum Glück hatte ich eine liebe Kollegin, meine Freundin Jutta, die aus der Nähe der französischen Grenze stammte und perfekt Französisch sprach. Sie war meine Trainerin, als sie mir auf meinen Wunsch den Satz beibrachte:

»Bonjour, je sui un college de la police federale allemande, mais, je ne parle pas français. Parlez-vous anglais?«

Was übersetzt soviel heißt wie: »Guten Tag, ich bin ein Kollege von der deutschen Polizei des Bundes, aber ich spreche kein französisch. Sprechen Sie englisch?«

Wir übten den Satz so lange gemeinsam, bis ich ihn flüssig und perfekt aussprechen konnte. Ich war zwar im Nachhinein vielleicht ein wenig behämmert oder übertrieb wieder mal maßlos, aber immerhin war ich Perfektionist.

Heute überlege ich, wie ich reagiert hätte, wenn vor mir ein spanischer oder italienischer Kollege gestanden hätte und mich in perfektem

Deutsch mit so einem Satz angesprochen hätte, um mir mitzuteilen, dass er angeblich kein Deutsch könne. Genau da liegt der Unterschied zwischen Deutschen und Franzosen.

Der Deutsche (also ich) hätte den Mann angesehen, als sei er gerade einer Irrenanstalt entsprungen. Er hätte danach nachgedacht und wäre vielleicht zum richtigen Ergebnis gekommen.

Der Franzose (also der, dem ich wenige Tage nach meinem Kurz-Kurs den Satz an den Kopf warf) dachte zuerst kurz nach, kam zu dem Schluss, dass ich nur einen Spaß machen konnte, lachte kurz und bombardierte mich anschließend mit endlosen Sätzen in sehr schnellem Französisch (die ich natürlich nicht verstand!).

Zu meinem Glück fand sich nach langem Suchen dann doch noch ein französischer Kollege der Brigade Criminelle, der sehr gut Englisch sprach und mich bei meinem vierzehn Tage dauernden Aufenthalt in Paris betreute. Über diese vierzehn Tage ließe sich ein eigenes Buch schreiben, allerdings gäbe es vermutlich diplomatische Verwicklungen, wenn ich alle meine Eindrücke über die Arbeitsmethoden der französischen Polizei ehrlich schildern würde.

Aber einige kleine Anekdoten muss man doch berichten, haben sie mich doch teilweise so verblüfft, dass ich erstmals merkte, wie unterschiedlich deutsche und französische Polizeibeamte doch sind. Dabei muss allerdings gesagt werden, dass ich weder genügend Franzosen noch französische Polizeibeamte kenne, um mir ein Bild zu machen, ob bestimmte Verhaltensweisen typisch sind oder einige Pariser Polizisten eine Ausnahme darstellen. Ich kann lediglich schildern, welcher Eindruck bei mir in Paris entstand.

Den französischen Kollegen waren Sachwerte ... nun mal salopp ausgedrückt ... völlig Schnuppe. Wenn es in der Mittagspause gemeinsam zum Essen ging, meist quer durch Paris mit bis zu vier Dienstwagen, dann wurden selbstverständlich Rennen gefahren, getreu dem Motto: Der Letzte zahlt die Getränke. Dabei wurde weder Rücksicht auf Verkehrsregeln noch auf polizeiliche Vorschriften gelegt. Wenn's mal nicht weiterging, wurde auch gerne das Blaulicht und die Sirene eingesetzt. Ein fahrender Kollege war kurz vor dem Ziel so verärgert darüber, dass ein anderer Kollege sich schnell noch vor ihn gesetzt hatte, dass er ihm vor Wut einfach hinten ins Fahrzeug fuhr. Materielle Werte waren den Herren, wie bereits gesagt, nicht so sonderlich wichtig.

Das machte auch vor fremdem Eigentum nicht halt. Diesbezüglich durfte ich ein recht verstörendes Ereignis erleben.

Wir machten Hausbefragungen in der Nähe der Konspirativen Wohnung, in der die Terroristen gewohnt hatten. Das läuft in Deutschland so ab, dass man von Tür zu Tür geht, klingelt und freundlich fragt, ob die Bewohner etwas gesehen oder gehört haben. Manche geben bereitwillig Auskunft, andere möchten mit der Polizei einfach nichts zu tun haben. Der französische Polizist sieht es als Bürgerpflicht eines jeden Mitbürgers oder einer jeden Mitbürgerin an, der Polizei gefälligst eine Auskunft zu geben, wenn sie danach fragt. Als wir in einem Mietshaus in einem oberen Stockwerk an einer Wohnungstür klingelten, um die Bewohner zu befragen, geschah erstmal lange nichts, was den Kollegen schon etwas sauer machte. Als dann nach lautem an die Tür hämmern endlich die Tür einen Spalt aufging, konnte man eine vorgelegte Kette und dahinter eine gefühlt 80-jährige Dame sehen. Als der französische Kollege ihr mitteilte, dass er von der Polizei sei und einige Fragen an sie habe, schloss sie mit einem lapidaren »No!« einfach die Tür.

Ich persönlich hätte an dieser Stelle aufgegeben und mich damit abgefunden, dass die alte Dame eben einfach nichts mit der Polizei zu tun haben wollte - warum auch immer. Nicht so mein französischer Kollege. Noch bevor ich reagieren konnte, war er einen Schritt von der Tür weggetreten und im nächsten Augenblick flog zuerst sein Fuß in der Nähe des Schlosses gegen die Tür, danach die Tür laut krachend und splitternd in die Wohnung.

Mögliche Zeugen haben der Polizei gefälligst zu helfen - basta!

Allerdings muss ich sagen, dass die Franzosen ansonsten ein sehr fröhliches Völkchen sind. Ich hatte bereits erwähnt, dass die Anwesenheit deutscher Beamter nur dann möglich ist, wenn vorher ein Rechtshilfeersuchen des deutschen Staates vorliegt. Deshalb hatte ja auch die Bundesanwaltschaft ein entsprechendes Fernschreiben nach Paris gesandt - Sie erinnern sich? Die Maschine mit dem Endlospapier? Genau dieses Rechtshilfeersuchen hatten die französischen Kollegen in einem Raum ihrer Dienststelle an die Wand genagelt und es war immer wieder Anlass zur Erheiterung. Stets, wenn sie jemand beweisen wollten, wie verrückt die Deutschen seien, führten sie ihn in den Raum und zeigten ihm das Schreiben, dass sich einer

Schlange gleich von seinem Startpunkt in etwa zwei Meter Höhe an der Wand, bis nach unten und dann leicht über den Boden des halben Raumes schlängelte. Ich meine mich zu erinnern, dass es über drei Meter lang war. Bereits damals bezweifelte ich, dass es jemals ein Franzose wirklich zur Gänze gelesen hatte.

Die Deutschen wollten in Paris ermitteln? Eine Staatsanwaltschaft hat das beantragt? Na gut, im Sinne der Deutsch-Französischen Freundschaft: Sollen sie doch machen, Hauptsache, es ist immer einer von uns dabei.

Ich glaube, eine kurzes Schreiben mit folgendem Inhalt hätte genügt:

»Hallo Leute, wir würden gerne in Paris nach den Festnahmen und den gefundenen Wohnungen ein bisschen ermitteln, was die eigentlich da so alles gemacht haben. Geht doch in Ordnung, oder?«

Egal, es waren sehr interessante vierzehn Tage und ich habe Paris ausgiebig erkunden können und viel Zeit zum Besuch aller Sehenswürdigkeiten gehabt, da sich die französischen Kollegen beharrlich weigerten und mich quasi für verrückt erklärten, als ich an dem Wochenende innerhalb meiner Dienstreise arbeiten wollte. Selbstverständlich war auch ihrerseits jeden Tag pünktlich um 17:00 Uhr Feierabend, keine Widerrede!

Was mich diese Reise aber noch gelehrt hat, ist der Umstand, wie weitsichtig und vorausschauend bundesdeutsche Behörden sind. Nach meiner Rückkehr und den von mir geschilderten Problemen aufgrund der Sprachbarriere, kam man zu dem Schluss, dass es ja nicht ausgeschlossen sei, dass ich noch häufiger nach Frankreich zu Ermittlungen müsse - und schickte mich für drei Monate auf die Bundessprachenschule in Hürth bei Köln. Heutzutage ist dieser Ort bekannter aufgrund der Studios des TV-Senders RTL.

Sie haben richtig gelesen: Für drei Monate lernte ich dort Französisch, und zwar acht Stunden lang jeden Tag. Man sagte uns damals, das entspreche etwa drei bis fünf Jahren Schulfranzösisch. Ich muss zugeben, der Unterricht war wirklich gut und ich konnte anschließend ganz gut Französisch.

Der einzige Nachteil war: Ich war nie wieder in Frankreich!

***

Eine nette Begebenheit aus der Zeit bei der Terrorismusbekämpfung muss ich noch schildern, obwohl sie nichts mit der Verfolgung von Terroristen zu tun hatte ... oder nur indirekt.

Nachdem wir jahrelang die Methoden der Herren und Damen Terroristen ermittelt hatten, also wie sie an Fahrzeuge kamen, wie sie Wohnungen anmieteten, wie sie militärische Einrichtungen ausspähten oder welche Gefahren bei einer Kontrolle eines mit Terroristen besetzten Fahrzeuges drohten, wollte das BKA diese Erkenntnisse publik machen - natürlich nur innerhalb der Polizei. Das sollte selbstverständlich so professionell wie möglich aussehen, immerhin war man ja das BKA. Was lag also näher, als eine Profi-Firma damit zu beauftragen einen entsprechenden Lehrfilm zu drehen.

Man machte einen Vertrag mit einer Filmgesellschaft, die sonst TV-Filme drehte, und machte sich dann auf die Suche nach Darstellern. Wegen der internen Informationen wollte man den Kreis derjenigen, die mitbekamen, welche Erkenntnisse wir hatten, möglichst klein halten. Also startete man einen Aufruf in der Behörde, wer denn vielleicht Interesse hätte, an einem Lehrfilm mitzuwirken. Ha, ha, was für eine Frage!

Ich gebe heute offen zu, dass ich mich bei meiner Meldung bereits als zukünftiger Tatort-Kommissar sah, wenn erst mal jemand mein schauspielerisches Talent entdeckt hätte. Ich durfte zwar nur einen Terroristen spielen und meine Auftritte waren eher mager, aber jeder hat ja mal klein angefangen.

Es gab insgesamt vier Szenen, in denen ich mitspielen durfte: die Ausspähung einer militärischen Einrichtung, der Diebstahl eines Autos aus einer Tiefgarage, der Austausch des Kennzeichens durch ein gefälschtes Nummernschild, und eine Kontrolle durch die Polizei in dem gestohlenen Auto, in deren Verlauf ich, der böse Terrorist, natürlich festgenommen wurde.

Szene 1

Ich radele mit einem Fahrrad einen Waldweg entlang, halte an, steige ab, lehne es an einen Baum und spähe mit einem Fernglas in Richtung eines Gebäudes hinter einem Zaun. Dann kommt ein Spaziergänger, und ich gehe schnell zu dem Fahrrad, nehme die Luftpumpe und tue so, als pumpe ich den Hinterreifen auf. Der Spaziergänger fragt mich, ob ich mir einen Platten gefahren habe und ich verneine, der Reifen bräuchte nur etwas Luft.

Hörte sich ja ganz einfach an und ich war sicher, das locker darstellen zu können.

Das erste Problem war der Kollege, der den Spaziergänger mimen sollte. Mein lieber Kollege Harry kam den Waldweg entlang, die Lederjacke leger an einem Finger über der Schulter liegend und mit einem Gang, als sei er gerade dabei, auf der Reeperbahn an den Schaufenstern mit den Prostituierten dahinter vorbeizuschlendern. Weder ich noch die Mehrheit der TV-Crew schafften es, angesichts dieser Darstellung den nötigen Ernst zu bewahren. Nach zahlreichen Versuchen kam er schließlich so weit, dass er den entscheidenden Satz sagen konnte, was er auch mit Inbrunst tat: »Naaaaa ... hä hä ... einen ... Platten ... gefahren?«

Dabei ging seine Stimme beim letzten Wort extrem nach oben, als wolle er deutlich machen, dass es sich um eine Frage handelte.

Ähnlich unnatürlich und verkrampft erwiderte ich: »Nein ... nein ... es fehlt ... (pumpen, pumpen) ... nur etwas ... (pumpen, pumpen) ... Luft!«

Vor Beginn der Dreharbeiten hatte man uns Laiendarstellern erläutert, dass es kein Problem sei, wenn eine Szene mehrfach gedreht werden müsse. Üblicherweise läge das Verhältnis von gedrehtem zu verwendetem Material bei etwa sieben zu eins.

Spätestens bei dem Ausruf »Klappe, Szene 1, die Vierundzwanzigste, peng!« wusste ich, dass die Schauspielerei nicht umsonst einen Beruf darstellte, den man eigentlich hätte lernen müssen.

Szene 2

Bei der Einfahrt in die Tiefgarage - wobei es sich um das Parkhaus des BKA handelte - in der wir das Auto stehlen sollten, war glücklicherweise nicht schon wieder ich es, der die Szene versaute. Die Filmfirma hatte beschlossen, den Kameramann auf das Autodach zu legen und mich, den Fahrer, durch das geöffnete Schiebedach zu filmen. Besagter Kameramann war ein Profi, der sowas schon öfter getan hatte und als »keine große Sache« bezeichnete. Leider hatte sowohl er als auch die TV-Firma die Rechnung ohne den Abstandswarner für LKW bei der Einfahrt in das Parkhaus gemacht. Dabei handelt es sich um einen an Ketten aufgehängten schwarz-gelb gestreiften Querbalken, der einen zu hohen LKW vor schon der Einfahrt darauf hinweisen sollte, dass er sich im Parkhaus vermutlich festfahren und das Dach zerstören würde. Solch ein Warnbalken richtet keinen wirklichen Schaden an einem LKW an, bei einem auf dem Dach liegenden Kameramann sieht das schon etwas anders aus. Ich fuhr durch die Einfahrt zum Parkhaus und ich muss gestehen, dass ich den schwarz-gelben Balken schon Hunderte von Malen gesehen hatte, aber ihn auch diesmal nicht weiter beachtete ... schließlich fuhr ich keinen LKW.

Es gab einen erstaunlichen Rumms, und anschließend waren sowohl die Kamera als auch der Kopf des Kameramannes leicht beschädigt.

Klappe, die Nächste!

<u>Szene 3</u>

Der Wechsel eines Kennzeichenschildes war etwas, vor dem ich keine Angst hatte. Ich musste nichts sprechen, nicht einmal ein schönes Gesicht machen, denn lediglich meine Hände sollten im Bild sein. Eine spezielle Handwerkerausbildung brauchte man dafür auch nicht ... also alles im grünen Bereich ... dachte ich.

Falsch gedacht, denn meine Hände zitterten vor Aufregung so stark, dass ich die Schrauben mit dem passenden Schraubendreher einfach nicht treffen wollte. Je öfter es misslang, um so aufgeregter wurde ich.

Nach dem Ausruf »Szene 3, Klappe die Zehnte, peng!« war die Szene im Kasten, wie es im Fachjargon heißt. Allerdings waren es nicht meine Hände, die dann im Film zu sehen waren.

Szene 4

Diese ganz spezielle Einstellung sollte sich als die absolute Krönung herausstellen. Da das BKA nun normalerweise nicht die Behörde war, die Fahrzeug- und Personenkontrollen durchführte, entschied man sich dafür, echte uniformierte Beamte einer tatsächlichen Dienststelle auf der Autobahn Karlsruhe zu verdingen, die wirklich Erfahrung mit solchen Kontrollen hatten und genau nach Dienstvorschrift vorgehen würden. Dies hieß, dass zwei Uniformierte den Wagen und die Insassen kontrollieren sollten. Sie sollten hinterherfahren, dass Kennzeichen im Fahndungssystem kontrollieren und nach der Feststellung, dass es sich um ein gefälschtes Kennzeichen handelte (das, das »die fremde Hand«

vorher angeschraubt hatte), den Wagen auf einen Parkplatz leiten, um dort die Kontrolle vorzunehmen. Dabei sollte ein Kollege etwas abseits mit der Hand an der Waffe stehenbleiben und dem anderen Kollegen Sicherung geben.

Bis zu dieser Stelle lief alles wie am Schnürchen, die Filmgesellschaft war begeistert.

Ab dann sah der Plan vor, dass der kontrollierende Beamte signalisieren sollte, die Seitenscheibe runterzukurbeln, dann die Fahrzeugpapiere zu fordern und in dem Moment in dem der Terrorist, also ich, die Papiere rausreichte, diese zu fassen und im selben Moment seine Waffe zu ziehen und mich aufzufordern, das Fahrzeug mit erhobenen Händen zu verlassen.

Soweit der Plan.

Beim ersten Versuch scheiterte es daran, dass der Kollege die Waffe nicht aus dem Holster rausbekam. Er zerrte und zerrte und es gelang nicht. Beim zweiten Versuch das gleiche Spiel. Wahrscheinlich war das Holster irgendwie defekt. Das Filmteam meinte, das sei nicht schlimm, man könne da tricksen. Also Hand an der Waffe im Holster filmen, Punkt. Danach mit der umständlich aus dem Holster bugsierten Waffe vom Holster nach oben schwingen, filmen, Punkt.

»Wir schneiden das nachher so zusammen, das merkt keiner«, war der Kommentar der Profis.

Durch diese Peinlichkeit war der Kollege so verunsichert, dass er beim nächsten Versuch zuerst die Waffe auf mich richtete und dann die Papier verlangte. Schade, nochmal. Beim dritten Versuch klappte es dann, obwohl er drehbuchwidrig die Papiere in meine Richtung warf, was die Produktionsgesellschaft aber als ganz nette Idee empfand.

Nun ging es daran, den ausgestiegenen Terroristen, also mich, der mit erhobenen Händen vor dem Beamten stand, zu durchsuchen. Dazu hieß es »umdrehen, Hände auf das Autodach legen und die Beine auseinander!«

Dazu sollte er mit einem Fuß den nur unwillig gehorchenden Terroristen dahingehend unterstützen, dass er mit einem Fuß meinen nur widerwillig auseinandergehenden Beinen durch einen Tritt nachhelfen sollte.

Gut gemeint ist bekanntlich das Gegenteil von gut gemacht - und genau so kam es. Er wollte es wirklich gut und richtig machen, verfehlte aber leider meinen Knöchel. Dadurch fiel sein Tritt etwas weiter aus und ... mit einem lauten »Ratsch« riss seine Uniformhose im Schritt von unten bis zum Gürtel auf.

Dies Peinlichkeit war nun durch nichts mehr zu toppen, zumal sich alle, egal ob Filmprofis oder BKA-Leute vor Lachen kugelten. Leider hatte der Kollege zufällig gerade mal keine Ersatzhose dabei, weshalb er auf seine Dienststelle fahren musste und uns so eine ungeplante Pause verschaffte.

Mit neuer Hose zurückgekehrt, gab er sich richtig Mühe. Er zielte genau und machte seinem ganzen Ärger Luft. Diesmal traf er meinen Knöchel, was mir nicht nur ein absolut echt wirkendes »Au, du Arschloch« entlockte, sondern auch echte Schmerzen und einen sehr lange haltenden blauen Fleck am Knöchel bescherte. Irgendwann war die gewünschte Szene dann endlich im Kasten und der Film konnte aus den Schnipseln der wenigen wirklich gelungenen Szenen zusammengeschustert werden. Wenn ich ehrlich bin, ist meine Hochachtung für die Professionalität derer, die aus zahlreichen misslungenen Stücken nachher ein wirklich professionell wirkendes Ganzes herstellen können, enorm gestiegen.

Das mit der Filmkarriere habe ich danach allerdings nicht mehr wirklich erwogen.

1986 sah ich den Zeitpunkt gekommen, mal wieder eine Veränderung in meinem Leben vorzunehmen. Geleitet wurde ich dabei von der privaten Veränderung durch eine neue Partnerin, denn ich hatte mich 1984 von meiner Ehefrau getrennt und rasch meine neue Lebensabschnittsbegleiterin kennengelernt, die später auch meine Frau werden sollte. Da sie aber in der Nähe von Koblenz beheimatet und dort tief verwurzelt war, entschied ich mich, wie ein höchst beweglicher Berg dann doch besser zum Propheten zu gehen und sah mich nach einer Tätigkeit in erreichbarer Nähe von Koblenz um.

Zwischenzeitlich war die Liegenschaft des BKA von Bonn-Bad Godesberg nach Meckenheim bei Bonn in einen Neubau umgezogen und das war gar nicht so weit weg von Koblenz. Als meine zukünftige Frau und ich beschlossen, zusammenzuziehen, schaute ich mal, was es denn in Meckenheim so an interessanten Tätigkeiten gab. Das mit den terroristischen Anschlägen hatte sowieso ziemlich nachgelassen und eine neue, spannende Tätigkeit erschien mir eine gute Idee.

Vierte Station: Spionagebekämpfung

»Spionagebekämpfung« hieß das Zauberwort, das mich sogleich so faszinierte, dass mir die Entscheidung nicht schwerfiel. Seit meinem Einstieg im BKA hatte ich von dieser Sparte des BKA schon gehört. Gleich zu Beginn mit der Enttarnung des Spions der DDR bei Willy Brandt im April 1974, dem sogenannten Kanzleramtsspion Günter Guillaume. 1985 machte dieser Bereich nochmal - zumindest innerhalb des BKA - von sich reden, als der hochrangige Mitarbeiter des Bundesamtes für Verfassungsschutz, Hansjoachim Tiedke in die DDR flüchtete.

Das hörte sich alles so interessant an, dass ich mir gut vorstellen konnte, dort eine neue Heimat zu finden. Ach, wie sollte ich mich zunächst doch täuschen!

Zwischenzeitlich hatte ich ein bisschen Karriere gemacht, war nun im Range eines Hauptkommissars und war sogar Teamleiter, also das, was der Obervolldepp gewesen war, der mir keine zehn Jahre zuvor ein Bier für ein DU hatte aufdrücken wollen. Also stellte ich inzwischen etwas dar - dachte ich zumindest. Mein

Dienstbeginn bei der Abteilung Staatsschutz in Meckenheim belehrte mich eines Besseren.

Das Erste, was man meinte mir vermitteln zu müssen, war der Umstand, dass die Herren dort etwas Besseres waren. Auf jeden Fall etwas Besseres als die primitiven Haudegen, die sich mit grenzdebilen Terroristen herumschlugen, denn dafür brauchte man ja weder Gehirn noch Manieren. In diesem neuen Metier hatte man es aber nur mit gebildeten Leuten oder sogar hochrangigen Beamten und Politikern zu tun. Deshalb kleidete man sich anders, benahm sich anders und hielt vor allem auch viel mehr von sich selbst.

Der Neuling, der ja bisher nichts anderes gemacht hatte, als Deppen zu verfolgen, hätte sich erst mal ganz hinten anzustellen und viel, nein ... sehr viel zu lernen - mit Sicherheit mehrere Jahre lang, bevor er mitreden oder gar selbständig etwas machen durfte.

Umgangssprachlich nennt man so was wohl "Dünkel" und davon gab es an meiner neuen Arbeitsstelle genug.

Also fing ich mal wieder ganz von vorne an. Üblicherweise bekamen Neulinge die undankbarsten Aufgaben wie Akten sortieren und abheften, Unterlagen sichten und auflisten, lästige Telefonermittlungen durchführen oder einfach nur aufpassen, was die Herren Chefermittler so machten. Teilnahme an Ermittlungen mit Außenwirkung, also Dienstreisen und Vernehmungen von Verdächtigen? Fehlanzeige! Vielleicht mal in ein, zwei Jahren, mal sehen.

Zum Verständnis der weiteren Geschehnisse muss man noch - gerade für die jüngere Generation von Lesern - etwas Wichtiges erwähnen: Im Jahre 1986 kannte man bei der Polizei so was wie Computer grundsätzlich noch gar nicht. Berichte, Protokolle aber auch Vernehmungen von Zeugen und Beschuldigten wurden auf der Schreibmaschine getippt. Dazu gab es Schreibkräfte, in der Regel junge Damen, die genau das gelernt hatten, wofür sich die Herren Ermittler zeit ihres Lebens zu fein gewesen waren - tippen. Am besten noch mit zehn Fingern und nicht im sogenannten Adler-Suchsystem: Minutenlang mit einem Finger über dieser unsäglichen Ansammlung von Buchstaben zu kreisen, um dann bei Entdeckung des richtigen Buchstabens zuzuschlagen. Diese Schreibkräfte waren allerdings dünn gesät - habe ich übrigens schon mal erwähnt, dass das BKA in jedem Bereich an chronischem Personalmangel litt? Das stellte für viele Herren ein Problem dar. Ich hingegen hatte frühzeitig gelernt, wie man eine mechanische Reise-Schreibmaschine der Marke Triumph Monika bediente, hatte es inzwischen zu einer gewissen Fertigkeit gebracht und schrieb nicht nur mit zehn Fingern, sondern sogar blind (was bedeutet, ich brauchte nicht unbedingt auf die Tasten zu sehen). Andere schrieben auch blind - allerdings sah es danach auch genau so aus, was dann zu Ergebnissen führte, wie

»furd sht jruinrt hr grzrigp«
wenn man mal mit den Fingern etwas verrutschte.

Da ich also so gut tippen konnte und sich das relativ schnell herumsprach, war ich stets die erste Wahl, wenn einer der Herren auf Dienstreise musste und mal wieder keine Schreibkraft verfügbar war. Eh ich selber schreibe, nehm ich doch lieber den Neuling mit. Das hatte für mich den riesigen Vorteil, dass ich

a) bei den feinen Herren eine gewisse Beliebtheit genoss,

b) öfter als alle anderen Neulinge auf Reisen mitgenommen wurde und

c) schneller die Chance hatte, etwas zu lernen.

An dieser Stelle fällt mir direkt ein, dass auch das "Blindschreiben" bei Schreibkräften seine Tücken hatte. Es gab da mal das Fräulein Z., die nicht nur richtig gut aussah - die meisten bezeichneten sie als rassiges Zigeunerweib, obwohl man heute politisch korrekt eher von einem Migrationshintergrund sprechen müsste - sondern auch rasend schnell tippen konnte. Ihr Manko war allerdings, dass es mit der deutschen Rechtschreibung ein wenig hakte, »wass allertings fielen nichts außzumachen schiehn« angesichts ihres guten Aussehens. Mit der Zeit wurde ihre Rechtschreibung zwar ein wenig besser, was sie allerdings niemals ablegen konnte, war ihre Tendenz, beim Blindschreiben auch mal aus dem Fenster zu schauen und ihre Gedanken wandern zu lassen. Sie hörte ja, was man ihr diktierte und ihre Finger übernahmen die Umsetzung selbstständig.

Aber am besten schaute man ihr während des Schreibens ständig über die Schulter (nicht auf die Brüste, sondern auf den Text), sonst durfte man sich nicht wundern, wenn man diktierte

»Der V-Mann-Führer setzte sich zu mir auf das Sofa« und hinterher im Text stand:

»Der Pfauen-Verführer legte sich mit mir hinter das Sofa!«

Es hätte mich immer rasend interessiert, an was sie in diesem Moment gedacht hatte.

Aber sie war trotzdem bei allen beliebt und wurde mindestens doppelt so oft mit auf Reisen genommen, wie die wesentlich bessere Schreibkraft, die allerdings mehr als doppelt so viel wog wie Fräulein Z.

Mich belastete das alles nicht, denn ich war ja meine eigene Schreibkraft, begleitete die erfahrenen Kollegen und lernte.

Gerade mal drei Jahre, nachdem ich bei der »Herrentruppe« angefangen hatte, ereignete sich etwas, womit kein vernünftiger Mensch mehr gerechnet hätte:

Die Mauer fiel!

Prügelten sich bis zu diesem Zeitpunkt selbst die höheren Herren des Öfteren fast darum, wem die Ehre zustand, einen der wenigen Fälle, die anfielen, bearbeiten zu dürfen, änderte sich mit einem Schlag alles. Mit Öffnung der Mauer stellten einige der bis dato angeblich treuen Stasi-Mitarbeiter, die eigentlich nur zu viel Muffe gehabt hatten, eine Flucht in Angriff zu nehmen, plötzlich fest, dass man ja nur noch eine Reise in den goldenen Westen machen musste, um dort von seinem Wissen profitieren zu können. Wir wurden überschwemmt von ehemaligen MfS-Mitarbeitern, die sich den verschiedenen Geheimdiensten mit ihrem angeblichen aber auch tatsächlichen Wissen um Spione anboten - in den seltensten Fällen völlig selbstlos oder gar aus Überzeugung.

Auf einmal hatte jeder von uns, selbst der grünste Grünschnabel, mehr Fälle, als er vernünftigerweise bearbeiten konnte. Nun kam mir zugute, dass ich bereits an einigen der wenigen Fälle intensiv mitgearbeitet hatte und aufgrund meiner dadurch gesammelten Erfahrungen wurde ich mit wirklich interessanten Vorgängen betraut.

Aber langsam: Zuerst einmal war »nur« die Mauer geöffnet worden. Am Tag danach äußerte mein Kollege Hans, dass es jetzt höchstens ein Jahr dauern würde, bis wir mit der DDR wiedervereinigt seien. Als Kind der Fünfziger, der mit einer DDR aufgewachsen war, die somit für mich genauso Ausland war wie Österreich, war das so unvorstellbar, dass ich direkt eine Wette um eine Kiste Sekt einging, dass genau das niemals passieren würde. »Wie soll das denn gehen?«, war mein Standardspruch und er kam aus reinster Überzeugung. So viel zu meinen weltmännischen und politischen Fähigkeiten der Weitsicht. Tja, man lernt eben nie aus. Die Kiste hatte ich schneller verloren, als ich mir je hätte vorstellen können.

Nach der Maueröffnung war nun der Weg frei für die Bewohner der DDR in Richtung Westen, aber solange es sie als Staat noch gab, war es uns als Mitarbeitern einer deutschen Sicherheitsbehörde absolut verboten, das Territorium der DDR zu betreten. Deshalb kann ich guten Gewissens sagen, nie einen Fuß in die DDR gesetzt zu haben. Auf jeden Fall waren wir nun mit den zahlreichen »Überläufern« gesegnet, die uns jede Menge Fälle bescherten. Wir ermittelten und ermittelten und beteten, irgendwann mal endlich Beweise in Form von Akten in den Händen zu halten. Hätten wir damals gewusst, was uns mit diesen Akten noch für eine Sisyphus-Arbeit bevorstand, wäre ich eher aus der Kirche ausgetreten, statt zu beten.

Aber dann kam der Tag der Wiedervereinigung und wir durften ins neue Deutschland (Bereich Ost) einfallen wie die Heuschrecken. Was ich dort alles erlebte, würde wiederum alleine ein ganzes Buch für sich füllen, deshalb im Folgenden nur einige wenige Beispiele:

Die ehemaligen Mitarbeiter des nun ja aufgelösten Ministeriums für Staatssicherheit (MfS) ließen sich ohne große Probleme in drei Kategorien einteilen:

<u>Kategorie 1</u> - die ewig Gestrigen, die den Niedergang ihres Systems weder verstehen noch wahrhaben wollten.

Ein Beispiel dieser Kategorie war der ehemalige Führungsoffizier, der einem Kollegen und mir zur Vernehmung gegenübersaß und im Wesentlichen Folgendes sagte: »Jawoll, ick war Offizier des MfS und da bin ick stolz druff. Sie können mir foltern (was wir in diesem Augenblick vielleicht gerne getan hätten, aber halt nun mal nicht durften), aber Se wern nüscht erfahren. Ick bin und bleibe Kommunist und ick werde nich aufhörn, Sie zu bekämpfen. Ick hasse Sie und werd meine Kinder beibringen, dass die Euch ooch hassen werden und ick hab sieben Kinder und denen ihre Kinder werden ooch noch gejen Euch kämpfen!«

Wir waren sowas von perplex, dass uns sogar das Lachen im Hals stecken blieb. Was sollte man mit solchen Menschen anfangen? Da wir keine Ahnung hatten, schrieben wir dieses

Exemplar ab und gaben den Versuch, auf, von ihm etwas Vernünftiges zu erfahren.

Kategorie 2 - der treue Genosse, der zwar aufgegeben hat, aber zu seinem Wort steht, auch wenn es ihm schadet.

Ein Beispiel dieser Kategorie war der Oberstleutnant aus Rostock, der uns Einiges hätte sagen können, sich selbst damit das Leben wesentlich einfacher gemacht hätte, uns aber folgendes Statement gab: »Als Führungsoffizier habe ich meinen Agenten mein Wort gegeben, dass ich sie nie verraten werde. Zu diesem Wort muss ich stehen, auch wenn es mir schadet. Bitte haben Sie dafür Verständnis.«

Hatte ich! Diese Kategorie hatte meinen Respekt und mein Mitgefühl, denn sie waren die großen Verlierer - gefangen in ihrer Ehre, grundsätzlich anständig und ihr Handeln war aufgrund ihres Lebenshintergrundes nachvollziehbar. Speziell für diesen Mann um die fünfzig kam es noch schlimmer. Hatten die Protestierenden noch kurz nach Fall der Mauer immer wieder auf ihren Protestmärschen und Versammlungen gerufen:

»Stasi in die Produktion, Stasi in die Produktion«, musste er feststellen, dass er zwar einen Arbeitsplatz in der Produktion bekam, diesen aber sofort wieder verlor, als seine Stasivergangenheit ruchbar wurde.

<u>Kategorie 3</u> - der »Kriegsgewinnler« und »Wendehals«, der aus der neuen Situation sofort das Beste für sich machte, ohne Rücksicht auf Andere. Der geborene Kapitalist, der endlich im System seiner Träume angekommen war.

Ein Beispiel dieser Kategorie war der junge Schnösel, gerade mal achtundzwanzig Jahre alt, ehemaliger Oberleutnant des MfS, der zur Vernehmung im modernen Anzug erschien, den ledergebundenen Terminplaner unterm Arm hatte und uns mit den Worten begrüßte: »Meine Herren, nett Sie kennenzulernen, stellen Sie mir bitte Ihre Fragen, ich werde auf alles antworten, so gut ich kann. Aber bitte beeilen Sie sich ein wenig, ich habe in einer halben Stunde einen Termin mit einem Kunden, danach mit einem Investor. Also, was wollen Sie wissen?«

Diese Kategorie hatte meine vollste Verachtung, was ich auch stets versuchte, sie spüren zu lassen. Aber die Erfahrung dieser Jahre hat mich gelehrt, dass an solchen Typen selbst verletzender Sarkasmus abperlt, wie Pippi an einer dieser heute modernen Toiletten mit Lotuseffekt.

***

Aber es gab auch Begegnungen der erheiternden Art.

Da gab es zum Beispiel die beiden Leutnants, die es trotz mittleren Alters nur deshalb noch nicht zu höheren Weihen geschafft hatten, weil sie ein Disziplinarverfahren nach dem anderen kassiert hatten. Glaubte man den Akten, so waren es fleißige Mitarbeiter der Stasi, denn auf der Liste ihrer IM (informelle Mitarbeiter = DDR-Bürger, die ihre eigenen Landsleute bespitzelten) standen viele Namen. Die beiden waren etwas peinlich berührt, mir gegenüber zugeben zu müssen, dass sie die meisten erfunden hatten. Noch peinlicher wurde es ihnen, als sie zugeben mussten, warum sie das getan hatten: Grund war die chronische Unterversorgung mit bestimmten Artikeln des täglichen Bedarfs. Sollte nun angekündigt sein, dass in Weimar eine Lieferung von Toilettenschüsseln avisiert war, hatten die Herren IM-Führer immer einen von ihnen erfundenen aber dennoch betreuten IM parat, der ihnen einen

Grund lieferte, von der Hauptstadt nach Weimar zu reisen - just zum richtigen Termin. Ähnlich verhielt es sich mit anderen Materialien, die der fleißige Heimwerker für den Ausbau des Heims gebrauchen konnte. Der Auslöser war die Frustration über die gängige Praxis bei der Belieferung des MfS mit Gütern aus dem Reich des großen Bruders, der Sowjetunion. In der Berliner Zentrale des MfS in der Normannenstraße gab es in der Mitte des riesigen Gebäudekomplexes den sogenannten »Feldherrnhügel«. Das war eine eigentlich recht kleine Erhebung, auf der ein Versorgungsgebäude stand, wohin neue Lieferungen, z.B. Lederschuhe, kamen und dort von den Mitarbeitern erstanden werden konnten. Allerdings ging es da streng nach Rang. Also hatte der General die erste Wahl, und wenn sich dann schließlich noch all die Oberstleutnants, Majore und Oberleutnants bedient hatten, dann blieben für die beiden kleinen Leutnants nur noch Schuhgrößen übrig, die kein normaler Mensch gebrauchen konnte. Also hatte man sich auf das Erfinden von IM und das damit verbundene häufige Reisen spezialisiert.

 Eines musste ich den Herrschaften und Damen aus dem Osten Deutschlands allerdings lassen: Sie hatten stets meine höchste Anerkennung für ihre Findigkeit und die Fähigkeit sich irgendwie selbst zu helfen und zu reparieren, was zu reparieren war.

Diese Fähigkeit war uns im Westen schon lange verlorengegangen - wir werfen weg und kaufen neu.

***

Eines der überraschendsten aber auch interessantesten Erlebnisse hatte ich mit einer Frau Hauptmann der Hauptabteilung III (Funkaufklärung) des MfS. Die im Volksmund der DDR »Abteilung Guck und Horch« genannte Truppe hatte die Aufgabe, die Kommunikation des im Volksmund der DDR sogenannten BBKF (des bitterbösen Klassenfeindes - also uns im bösen Westen) abzuhören, bevorzugt die telefonische. Was heute bei uns die NSA macht, machte das MfS schon vor dreißig Jahren und man hatte sich entweder darauf eingestellt oder es einfach wegdiskutiert. Die Mehrzahl meiner Kollegen waren mit mir einer Meinung, dass es ja wohl unmöglich sei, die vielen, vielen tausend Telefonate alle mitzuhören oder aufzunehmen und sich später anzuhören. Das würde niemand schaffen, da waren wir uns sicher.

Ach, was waren wir naiv!

Im Rahmen einer anderen Ermittlung, in der wir einen vermeintlichen Spion bei der Berliner Polizei nicht genau orten konnten, wurde mir geraten, doch mal bei »Guck und horch« vorbeizuschauen und dort speziell bei Frau Hauptmann W., die für das Abhören der westdeutschen Polizeibehörden die Hauptverantwortliche gewesen war.

Also begab ich mich nach Berlin-Marzahn (ja, genau dorthin, wo heute Cindy, diese übergewichtige rosa Frau mit dem netten Akzent, herkommt). Ich fuhr in die zwölfte Etage eines dieser riesigen Hochhauskomplexe und klingelte bei Frau W. und es entwickelte sich das folgende, mehr als nur skurrile Geschehen:

Noch durch die ungeöffnete Tür erscholl ein »Ja, bitte? Wer ist da?«

»Hallo, mein Name ist Bodenstein, ich komme vom Bundeskriminalamt und ich hätte ein paar Fragen an Sie, Frau W. Ich glaube, Sie könnten uns behilflich sein.«

Die Tür wurde aufgerissen und eine recht adrett wirkende Frau in etwa meinem Alter strahlte mich an. »Ach wie nett, Sie! Ick hab sie gleich erkannt. Det freut mich aba, dass Sie mal zu mir kommen!«

Erkannt? Woran? Wieso mich? Warum freuen? Was ist hier los?

Die Fragezeichen müssen mir deutlich sichtbar im Gesicht gestanden haben, denn sie fing an, schallend zu lachen. »Kommnse rein, kommnse rein. Ick mach uns ma en Käffchen und dann könn wer reden.«

Sie schnappte mich am Ärmel meines Jacketts und zog mich in die Wohnung. Ich muss zugeben, dass ich zu verblüfft war, um mich großartig zu wehren. Ihre nächsten Worte trugen dann endlich zu meiner Erhellung bei:

»Na wat denn, wat denn? Hammse jedacht, ick erkenn Se nicht an Ihre Stimme. Die is doch so markant und dann denk ick dran, wat wer immer über Sie jelacht haben, bei Ihre Telefonjespräche.

Sie kennen sicherlich den Begriff: »Da fallen einem auf einmal alle Sünden ein!« Bei mir fiel noch viel mehr. Mir fiel alles aus dem Gesicht, mein Herz in die Hose und ich hatte das Gefühl, als hätte sich unter mir eine Klappe geöffnet und ich fiel ins Bodenlose. Ich versuchte, mich krampfhaft zu erinnern, welche Peinlichkeiten ich bei welchen Telefonaten in dem Gefühl unbelauscht zu sein, von mir gegeben hatte - aber das war wohl doch zu viel. Sie deutete meinen entsetzten Blick offensichtlich falsch, denn sie versicherte mir schnell: »Nee nee, machen Se sich ma keene Sorjen. Von Ihnen ham wer keene Jeheimnisse erfahrn.«

Im Laufe der nächsten zwei Stunden entwickelte sich ein interessantes und lustiges Gespräch, bei dem man mehr den Eindruck hätte haben können, zwei alte Kollegen erinnern sich an die gemeinsame Arbeitszeit und tauschen lustige Anekdoten aus.

»Hatten Se nich diesen lustijen Chef, der immer so verschlüsselt telefoniert hat?«

Ich erinnerte mich sehr gut daran, was sie meinte. Mein Chef beim Staatsschutz hatte die Eigenart, bei Telefonaten mit seinen Mitarbeitern stets »verschlüsselt« zu sprechen. Für uns immer ein Quell der Erheiterung: »Ja Herr B., ich bin hier in der Stadt, Sie wissen schon, die große Stadt im Süden, mit M, Sie wissen schon. Ich bräuchte mal Infos zu Herrn K, fragen Sie vielleich auch noch mal bei Herrn S. oder Herrn V nach.«

Manchmal hatten wir uns absichtlich dümmer gestellt, als wir waren und Nichtverstehen vorgetäuscht, nur um zu hören, was ihm noch an lustigen Umschreibungen für »die große Stadt im Süden, mit M« oder »die Stadt am Wasser, im Norden, mit H« einfallen mochte. Offensichtlich erinnerte sich Frau Hauptmann ebenfalls noch an diese Telefonate: »Wat ham wir jelacht. Dabei ham wir doch längst jewusst, wo Ihr Chef war. Die Reisekostenstelle hat doch lang vorher schon det Hotelzimmer jebucht.«

Mein Gott waren wir blöd und blauäugig gewesen!

Wir tauschten noch lange Erinnerungen aus, amüsierten uns köstlich und ich hätte beinahe meinen eigentlichen Grund für den Besuch vergessen. Sie konnte uns tatsächlich helfen und tat dies auch.

Kurz bevor ich ging, kam ich nicht umhin, sie zu fragen, warum sie zum MfS gegangen war. Ich werde nie vergessen, wie verblüfft sie mich angesehen hat und wie selbstverständlich und nachvollziehbar mir ihre dann folgende Erklärung vorkam. Sie sei ein Kind der DDR gewesen, mit dem Gedankengut des Sozialismus aufgewachsen und nach dem Abitur habe man sie gefragt, ob sie nicht Interesse an einer wichtigen Tätigkeit im Staatsdienst hätte - und das hatte sie. Sie beschrieb ihre berufliche Tätigkeit als interessant, abwechslungsreich und höchst befriedigend. Auf ihre abschließende Frage: »Hätten Se det nich auch so jemacht, wenn Se hier jeboren worden wärn?«, musste ich ehrlicherweise mit: »Ja, vermutlich schon«, antworten.

Alles in allem eine sehr lehrreiche Begegnung. Ich war mir sicher, wäre Frau W. nicht in Berlin, sondern in Castrop-Rauxel geboren worden, wäre sie vermutlich eine Kollegin von mir geworden. Und es verschaffte mir die Einsicht, dass man erst mal beide Seiten einer Medaille betrachten sollte, bevor man vorschnell ein Urteil über Menschen fällt, die man nicht kennt und deren Lebenshintergrund einem nicht nur unbekannt, sondern auch völlig fremd war - bis man mal mit ihnen sprach.

***

Aber auch Fälle, die nichts mit der ehemaligen DDR zu tun hatten, waren von einem nicht zu unterschätzenden Unterhaltungswert. Der mir am besten in Erinnerung gebliebene Fall war der des Spions für den Irak. Die Ereignisse spielten sich im zeitlichen Zusammenhang mit dem ersten Golfkrieg, dem sogenannten iranisch-irakischen Krieg (1980 - 1988) und dem zweiten

Golfkrieg, dem irakisch-kuwaitischen Krieg (1990 - 1991) ab.

Der Spion, ich nenne ihn mal Mustafa Gemeiner (wobei Mustafa tatsächlich sein Vorname war), war Bürobote in einem Ministerium in Bonn, das schon immer eines der Hauptangriffsziele für ausländische Nachrichtendienste gewesen war. Bei einem Auslandseinsatz als Hilfskraft in der deutschen Botschaft in Kairo hatte er eine Ägypterin aus gutem Hause kennengelernt, man hatte sich verliebt und wollte heiraten. Also konvertierte Gemeiner zum Islam, was zwangsläufig mit der Annahme eines islamischen Namens verbunden war und hieß fortan nicht mehr Klaus, sondern Mustafa. Dann konnte geheiratet werden und er brachte seine Frau mit nach Deutschland. So ganz ehrlich über seine Tätigkeit war er sowohl seiner Frau als auch seinem Schwiegervater, einem Professor an der Uni Kairo, nicht gewesen. Er hatte - was nicht völlig gelogen war - angegeben, er sei Beamter beim Auswärtigen Amt und damals eben in der deutschen Botschaft tätig.

Wieder von seinem Auslandsaufenthalt nach Deutschland zurückgekehrt, lernte er gegen Ende des ersten Golfkrieges bei einem Bier in einer

Bonner Kneipe einen Araber kennen, der sich nicht nur als irakischer Geschäftsmann, sondern unserem Spion in spe auch ein paar Bier ausgab. Man verstand sich auf Anhieb gut und was lag da näher, über die aktuelle politische Lage zu reden - also über den irakisch-iranischen Krieg. Mustafa Gemeiner war mit dem Iraki einer Meinung, dass der Iran nicht das Land der Wahl für einen zivilisierten Menschen war, vor allem nicht für einen Moslem, der gerne auch mal ein Bier trank. Man war sich einig.

Von da war es nicht mehr weit bis zu dem Vorschlag des Iraki, ob Mustafa ihm nicht aufgrund seiner verantwortungsvollen Tätigkeit im Auswärtigen Amt ein paar Informationen über die bösen Iraner liefern könnte. Das Angebot kam nicht von Ungefähr, hatte Mustafa doch erneut seine Wertigkeit beziehungsweise die Wertigkeit seiner Tätigkeit, maßlos übertrieben.

Aber er wollte mehrere Dinge: Erstens wollte er beweisen, dass er mehr war, als nur ein Bürobote, der Akten von A nach B trug oder fuhr, und zweitens sollte es eine finanzielle Entschädigung geben - was Mustafa sehr entgegenkam, denn er war chronisch klamm.

Also lieferte er dem irakischen Geheimdienstmitarbeiter Unterlagen aus dem

Auswärtigen Amt, dass diesem fast die Augen aus dem Kopf gefallen sein mussten. Jede Menge Fernschreiben aus aller Herren Länder mit Informationen, deren Wichtigkeit durch große Stempel, die da lauteten »Verschlusssache - Vertraulich« oder sogar »Verschlusssache - Geheim«, sehr deutlich belegt wurde.

Was weder Mustafa Gemeiner noch der Iraki wussten, war der Umstand, dass die irakische Botschaft von deutschen Geheimdiensten beobachtet wurde und der angebliche irakische Wirtschafts-Attachée bereits länger in Verdacht stand, ein Geheimdienstmann zu sein. So fielen beide auf, der deutsche Nachrichtendienst, der die beiden im Visier hatte, informiert das BKA und wir begannen zu ermitteln. Schließlich fiel die Entscheidung, den Spion nun festzunehmen und alles soweit zu ermitteln, bis man den Fall vor Gericht bringen konnte.

Das war der Tag, an dem der Spaß für mich begann.

Wir standen in Verbindung mit dem Auswärtigen Amt, wussten, wann er arbeitete und postierten uns vor dem Haus, in dem die Wohnung des Ehepaars Gemeiner lag. Als Mustafa von der Arbeit kam, sprach ich ihn an und erklärte ihm, dass er wegen des Verdachts der geheimdienstlichen Agententätigkeit vorläufig festgenommen sei und uns zur Dienststelle begleiten müsse. Er verhielt sich, als sei er gerade beim Schwarzfahren erwischt worden, lächelte verzeihend und es fehlte von seinem ganzen Verhalten nur noch, dass er »Uuups, erwischt. Schade.« gesagt hätte. Während wir mit ihm zur Dienststelle fuhren, wurde parallel seine Wohnung durchsucht.

Als wir ihn auf der Dienststelle vernahmen und ihn mit dem konfrontierten, was wir wussten, erreichten wir immer noch keine größere Reaktion. »Brauche ich einen Anwalt?«, war seine einzige Frage.

Was für eine blöde Frage. Natürlich brauchte er einen und wir ließen ihm die Wahl, wen er anrufen wollte. »Können Sie mir einen guten Anwalt empfehlen?« Ich musste mich zurückhalten, um nicht zu lachen. Selbstverständlich darf ein Polizeibeamter keinen Anwalt empfehlen, sonst würden wir uns in der Regel den dümmsten aussuchen. Also musste er sich einen aus dem Telefonbuch raussuchen. Er erwischte einen, der noch keinerlei Erfahrung mit Mandanten aus der Gilde der Spione hatte.

Gut!

Der Herr Anwalt las, nachdem wir ihm den entsprechenden Paragraphen des Strafgesetzbuches für »Geheimdienstliche Agententätigkeit« genannte hatten, erstmal in seinem Exemplar des Strafgesetzbuches nach. Dann unterhielt er sich kurz alleine mit seinem Mandanten. Danach kam er wieder zu mir und teilte mir stolz mit, dass sein Mandant auf seinen Rat hin ein umfassendes Geständnis ablegen würde und alle Sachverhalte so genau es ihm möglich war, schildern würde.

Wieder gut!

Zwischenzeitlich hatte die Durchsuchung der Wohnung einen riesigen Stapel von Unterlagen erbracht, die Gemeiner aus dem Auswärtigen Amt mit nach Hause genommen hatte. Stellen Sie sich einen Stapel Zeitungen vor, der ungefähr kniehoch aufgetürmt ist, dann haben Sie eine Vorstellung, wie viele Unterlagen das waren.

Sie könnten jetzt auf die Idee kommen zu sagen: Na also, dann ist doch alles bewiesen. Er hat gestanden, dass er's war, man weiß was, man hat die Beweise, also - gut ist, Klappe zu und fertig!

In manchen Ländern, die ich aus Gründen der sonst vielleicht endenden Freundschaft der Bundesrepublik mit diesen Ländern nicht nennen will, wird genau so verfahren. Ich habe selbst im Ausland erlebt, dass mir Kollegen voller Stolz die Ermittlungsunterlagen eines Anschlages auf eine Moschee mit drei Toten gezeigt haben und diese Akten - sorry, falsche Wortwahl - diese Akte war so dick wie das Telefonbuch von Lüdenscheid.

Wir sind aber Deutsche!

Der Deutsche ist gründlich bis zum Exzess, bei uns wären das sehr umfangreiche Akten gewesen. Nicht umsonst maßen wir sowohl bei der Terrorismusabteilung als auch in der Spionagebekämpfung die Akten nicht nach Zahl der Ordner (wie ungenau, es könnten ja dicke und dünne Ordner gemischt sein, lächerlich), nein, unser Maß waren »Aktenmeter«. Ein Anschlag auf eine Synagoge, bei der auch nur einige Menschen verletzt worden wären, wären bei uns mehrere Aktenmeter gewesen. Also die Aktenordner senkrecht aufgestellt nebeneinander gemessen. Ja, so gründlich sind wir.

Wir wollen alles wissen, wenn möglich wirklich alles. Uns reicht es einfach nicht, nur zu wissen, wer es war und das wir es ihm beweisen können. Nein, wir müssen auch wissen: Warum eigentlich, genau wie oft, wie, seit wann, mit wem zusammen, und vieles mehr. Wir interessieren uns für seine Kindheit, seinen Werdegang, am besten noch, ob er von seinen Eltern geschlagen oder auch nur schlecht behandelt wurde, wie sein Verhältnis zu seiner Frau ist - und einige neugierige Kollegen haben auch schon mal gefragt, wie oft sie zusammen Sex haben. Bei einem Sexualstraftäter könnte ich die Frage noch verstehen - aber bei einem Spion?

Da ich nun einmal ebenfalls Deutscher bin und von Natur aus neugieriger als jede Frau (Berufskrankheit!), wollte ich natürlich auch alles von Mustafa Gemeiner wissen. Getreu dem Motto seines Anwaltes tat Gemeiner das nun auch, was dieser ihm geraten hatte: Er erzählte uns rückhaltlos alles, was wir wissen wollten.

Seine weit über hundert Seiten lange Vernehmung, die sich über mehrere Termine erstreckte, war bei allen Kollegen des Referates als überaus erheiternde Lektüre sehr beliebt. Sie gab immer wieder Anlass zu Lachstürmen und heiteren Diskussionen darüber, wie leicht es doch war, ein erfolgreicher Spion zu werden. Zu den Einzelheiten gleich mehr. Zuerst möchte ich von seinem Verhalten außerhalb der Vernehmung berichten, die mich immer mehr vermuten ließen, dass er einen starken psychischen Defekt hatte.

Relativ zeitnah zu seiner Festnahme hatte seine Frau, die Ägypterin, darum gebeten, ihren

Mann besuchen zu dürfen. Wir gestatteten ihr einen kurzen Besuch bei mir im Büro. Zunächst bemerkte ich, dass Gemeiner vor diesem Besuch richtig Bammel hatte. Er war so nervös wie seit seiner Festnahme noch zu keiner Zeit. Er schwitzte und zitterte: er hatte Angst! Ohne dass ich ihn danach gefragt hatte, erklärte er mir, dass es ja ein besonderes Problem für seine Frau sei, dass er für den Irak spioniert habe, ausgerechnet den Irak, der kein Freund von Ägypten sei, also befürchtete er, dass seine Frau das sehr persönlich nehmen könnte.

Als seine Frau dann schließlich vor ihm stand und ihn in sehr gutem Deutsch fragte: »Was hast du nur gemacht?«, brach er zusammen. Er weinte, wimmerte, flehte sie um Vergebung an und schließlich nahm sie ihn in die Arme und drückte ihn.

Ich stand in diesem Moment hinter ihr, weil ich ihn von vorne sehen wollte. Er hatte sie umschlungen, den Kopf auf ihre Schulter gelegt und wimmerte noch: »Ich verstehe heute gar nicht mehr, wie ich für den Irak spionieren konnte. Ausgerechnet für den Irak.« Dann ging, für seine Ehefrau nicht zu sehen, eine Veränderung in seinem Gesicht vor. Er schaute mich an, zwinkerte mir zu und sagte leise, wobei er grinste:

»Obwohl ... ein wirklich gutes Bier haben die ja, das muss man ihnen lassen.«

Dieser Schauspieler! War das krank oder nicht?

Selbstverständlich hatten wir in seiner Wohnung auch einen Teil des Geldes gefunden, dass ihm der Iraki als Entlohnung gezahlt hatte. Auf die Frage, wie viel Geld er insgesamt bekommen habe, antwortete er sehr wahrscheinlich wahrheitsgemäß: »Insgesamt so ungefähr zwanzigtausend D-Mark.«

Weshalb ich glaube, dass er diesbezüglich die Wahrheit gesagt hat? Tja, weil seine Reaktion auf meine nächste Bemerkung so frappierend war, wie sie nur von einem ehrlichen Menschen, der nichts vor mir verheimlichte, kommen konnte.

Ich konnte es mir einfach nicht verkneifen. Natürlich gab es keinen Grund ihm das zu sagen, aber ich konnte nicht anders. »Na, da waren Sie aber preiswert!«

Seine Augen weiteten sich und er fragte sofort: »Wie meinen Sie das?«

»Na ja, bei den Informationen, die sie den Irakis gegeben haben, hätten sie locker das zehn- bis zwanzigfache bekommen können.«

»Echt?«

»Echt! Locker!«

Nun standen nicht nur seine Augen, sondern auch sein Mund weit offen. Man konnte die Gedanken in seinem Kopf beinahe rattern hören. Bis es dann aus ihm herausplatzte: »Ich Idiot, ich hätte viel mehr bekommen können. Meine Güte, wenn ich das nur früher gewusst hätte.«

Ich fragte mich im Stillen: Ja, was wäre dann gewesen? Dann säßest du jetzt genauso vor mir und hättest von zweihunderttausend genau so viel wie von zwanzigtausend, du Depp.

Sowas sagt man natürlich nicht laut. Es gehört sich nicht, einem Depp zu sagen, dass er ein Depp ist.

Wie hatte dieser Depp es nur geschafft, ein solch großes Ministerium, das auch noch auf Geheimhaltung geeicht war, auszutricksen? Es war einfacher, als man es sich vorstellen mag - zumindest damals noch. Ich möchte an dieser Stelle betonen, dass so was heute nicht mehr möglich wäre - hoffe ich zumindest.

Allerdings braucht man das heute ja auch nicht mehr, denn das macht die NSA ja alles ganz alleine.

Wie also hatte er es angestellt? Ganz einfach - durch Hilfsbereitschaft und Fleiß. Die

Hilfsbereitschaft äußerte sich so, dass er, der als Bürobote ja bei jedermann bekannt war, weil er täglich irgendwelche Akten oder Laufmappen vorbeibrachte, seine Hilfe bei ganz anderen Sachen anbot. Sah er auf einem Schreibtisch Unterlagen, die als »Vertraulich« oder »Geheim« eingestuft waren, so bot er freundlich an, ob er die nicht bei der Verschlusssachen – Registratur vorbeibringen sollte. Es läge auf seinem Weg und dann könne sich der Herr Legationsrat um seine sicherlich wichtigere Arbeit kümmern. Sein Angebot wurde gerne angenommen. Sein Fleiß äußerte sich dadurch, dass er fast jeden Morgen viel früher als alle anderen zur Arbeit erschien, eigentlich war er jeden Morgen der Erste in den Amtsräumen. Das verschaffte ihm die Zeit, die am Vortag erlangten Unterlagen in aller Ruhe zu kopieren, um dann später die Originale mit einem Tag Verspätung in der Registratur abzugeben. Die Kopien packte er in seine Aktentasche und nahm sie mit nach Hause.

So einfach ging das damals.

Mich lehrte das gesamte Verfahren einen wesentlichen Aspekt der Psychologie vieler Spione. Oft waren es Menschen mit einem ausgewachsenen Minderwertigkeitskomplex, verbunden mit einer erheblichen

Fehleinschätzung der eigenen Fähigkeiten, einer Beschäftigung oder einem Rang, den man unter seiner Würde ansah und dem Wunsch, es allen mal zu zeigen, allen mal zu beweisen, dass man zu mehr fähig war.

Aber es gab nicht nur diese oft unterbelichtete und geldgierige Sorte von Spionen, sondern tatsächlich auch diejenigen, die aus ehrlicher Überzeugung für ein fremdes Land spionierten. Mein herausragendster Fall diesbezüglich war der damals als stellvertretender Botschafter der Bundesrepublik in einem asiatischen Land tätige Dr. Gelb.

Ihm wäre man vermutlich nie auf die Schliche gekommen, hätte es da nicht die Stasi-Akten gegeben, in denen eben doch manch interessante Information stand, unter anderem eben, dass es da einen Spion gäbe, der eine gewisse Position in einem gewissen Land innehabe ... und dann war es ja nicht mehr schwer, ihn sowohl zu finden, als auch zu überführen. Das Besondere an diesem Mann war, dass er als Jugendlicher bei einem Besuch der DDR den Gefallen am Kommunismus und Sozialismus fand, zurück in Deutschland sich als Sozialdemokrat tarnte und eine Karriere im auswärtigen Dienst startete, ohne dass jemals auffiel, dass er eben in Wirklichkeit Kommunist war. Nun ist ja grundsätzlich nichts Ehrenrühriges dabei, Kommunist zu sein, nur durfte man es zu dieser Zeit nicht laut sagen und schon gar nicht im Staatsdienst. Um solche Leute aber dennoch entdecken zu können, hatten sich die Geheimdienste viele lustige Methoden einfallen lassen, um diese bösen Lügenbolde ausfindig zu machen und alle Geheimnisträger im Staatsdienst wurden regelmäßig überprüft ... ich übrigens auch.

Das fing bei der Überprüfung der finanziellen Verhältnisse an und hörte bei der Befragung von Nachbarn und Verwandten auf. Wenn jemand nicht so blöd war, seinen Nachbarn zu erzählen: »Also, mal ganz ehrlich, ich bin zwar im öffentlichen Dienst und Geheimnisträger, aber insgeheim bin ich Kommunist, aber bitte nicht weitersagen!«, dann waren diese Methoden eigentlich nicht sehr erfolgversprechend, sondern eben nur ... lustig.

Da Dr. Gelb aber eben nicht zu dieser Riege der Super-Blödmänner gehört hatte, war er eben auch nicht aufgefallen und hatte jede Überprüfung ohne den kleinsten Makel bestanden.

Wir nahmen ihn fest, durchsuchten sein Haus und seine Habe und fanden auch die einen oder anderen Beweise. Soweit alles ganz normal und keine große Herausforderung. Was mich aber an diesem Mann so faszinierte, dass ich mich noch heute, also über zwanzig Jahre später, so lebhaft an ihn erinnere, war seine grenzenlose Selbstüberschätzung und Arroganz.

Neugierig, wie ich war, wollte ich auch über die reine Beweiserhebung Dinge von ihm wissen, die mich einfach interessierten. So zum Beispiel, was er am Kommunismus so gut fände und wie er die Lebenssituation der Menschen in kommunistischen Ländern wie der ehemaligen Sowjetunion oder in Kuba beurteile.

Sie können sich den Blick nicht vorstellen, den er mir auf diese Frage hin schenkte. Ich wusste danach, wie ein Dreijähriger sich fühlen musste, wenn er seinen Papa darum gebeten hätte, ihm die Grundregeln der Kernphysik oder das Zustandekommen gewisser Steuersätze zu erklären. Ich denke mir, dass besagter Papa seinen Sohn genauso ansehen würde, wie Dr. Gelb mich damals ansah. Aber er beließ es nicht bei diesem mitleidigen Blick, sondern begründete ihn auch noch:

»Ich denke nicht, dass ihr Intellekt ausreicht, um meinen Ausführungen zu folgen, geschweige denn, sie zu verstehen.«

Punkt! Wow, damit musste ich erstmal klarkommen.

Da ich zum Glück nicht an ausgeprägten Minderwertigkeitsgefühlen leide, musste ich nicht lange nachdenken, um mir die richtige Retourkutsche einfallen zu lassen.

»Na ja, ganz so doll scheint es mit Ihrem Intellekt aber auch nicht zu sein, sonst säßen Sie mir jetzt ja nicht in einer Zelle in Anstaltskleidung gegenüber, oder?«

Touché!

Er ließ sich schließlich dazu herab, mit mir zu diskutieren und musste feststellen, dass ich offensichtlich mehr von Marx und Engels gelesen hatte, als er sich bei einem doofen Polizisten hatte vorstellen können. Wir wurden zwar keine Freunde und er konnte mich auch nicht in sein Lager hinüberziehen, aber wir führten manche lebhafte und trotzdem interessante Diskussion über Gott und die Welt. So zum Beispiel auch darüber, dass man die Existenz von Gott nicht nachweisen könne (seine Meinung) beziehungsweise, dass man die Existenz von Gott nicht nachweisen müsse (meine Meinung).

Der Nachteil dieses Aufbaus einer persönlichen Gesprächsebene war, dass er anfing, mich um persönliche Gefallen zu bitten. Keine Angst, nichts Schlimmes, aber Dinge, die ich dann doch lieber gar nicht hören wollte. So zum Beispiel, dass ich seiner Ehefrau dringend einen Besuchstermin beschaffen sollte, da sie ihm die Fußnägel schneiden müsse.

Hallo! - werden Sie sagen, kann der das denn nicht selber machen? Genau das habe ich natürlich auch gefragt und als Antwort bekommen: »Sie kennen ja meine Fußnägel nicht!«

Oh, oh, zuviel Input!

Allerdings kannte ich die, denn mir fiel wieder ein, dass wir bei der Durchsuchung seines Hausstandes mehrere große Marmeladengläser mit einem Inhalt gefunden hatten, den zunächst keiner so richtig deuten konnte. Die Vermutungen gingen von Drogen bis ... keine Ahnung.

Zu aller Überraschung stellte sich schließlich heraus, dass es eine Sammlung der Überreste von vermutlich mehreren Jahren der Fußnägelbeschneidungsaktionen seiner Frau an ihm war.

Fragen Sie mich nicht, warum, wozu oder mit welchem Hintergrund jemand sowas sammelt. Ich wollte, ich könnte es vergessen.

Hatte ich eigentlich schon erwähnt, dass diese beiden Fälle - Dr. Gelb und mein Freund Mustafa - mir die schönste Dienstreise meines Lebens und den Verdacht, selbst ein Spion zu sein, einbrachten? Nein? Dann muss ich das nun nachholen.

Nur vier Jahre nach dem Mauerfall am 9. November 1989 hatten die deutschen Ermittlungsbehörden so viel Erfahrungen mit aufgedeckten Spionagefällen wie kein anderes Land der Welt. Deshalb war es kein Wunder, dass ein Vertreter des Bundeskriminalamtes zu einer einwöchigen internationalen Spionagekonferenz des FBI nach Washington eingeladen wurde. Dort trafen sich Ermittler verschiedener US-amerikanischer Behörden und ein gleichartiger Personenkreis aus den Ländern England, Schottland, Irland, Kanada, Australien und Neuseeland.

Hier kamen mir erstmals meine sehr guten Englischkenntnisse zugute, denn ich war als einer der wenigen in der Lage, auch einen freien Vortrag in Englisch zu halten - zumindest von den in meinem Arbeitsbereich tätigen Kollegen. Sehr zu meinem Leidwesen waren aber auch zwei

Kollegen des Bundesamts für Verfassungsschutz eingeladen worden, so dass wir drei Deutsche die Einzigen waren, deren Muttersprache nicht Englisch war.

Sehr interessant war bereits das »Meet and greet«, also das erste Zusammentreffen aller Konferenzteilnehmer im Ausbildungszentrum des FBI in Quantico/Virginia, unweit von Washington. Ich war total beeindruckt, denn ich hatte natürlich den Film »Das Schweigen der Lämmer« mit Jodi Foster als Agent Starling, die junge FBI-Agentin, die noch in der Ausbildung in Quantico war, gesehen. Und nun stand ich an einem Ort, den ich aus dem Film wiedererkannte, denn genau dort waren tatsächlich Teile des Films gedreht worden.

Alle Teilnehmerinnen und Teilnehmer, die sich nun in diesen heiligen Hallen kennenlernen sollten, trugen kleine Namensschildchen, auf denen auch ihr Herkunftsland und die Behörde dargestellt waren - auf allen, außer bei einem Mr. Smith.

Auf meine Frage an meinen FBI-Verbindungsmann, wer denn Mr. Smith sei und von welcher Behörde er komme, erhielt ich folgende verblüffende Antwort:

»Ach der, na ja, wenn nichts auf dem Schild steht, dann ist er von der NSA!« Dabei zuckte er mit den Schultern, als wolle er mir sagen: »So sind sie halt, die geheimen Geheimdienste.«

Sie sehen, es hat sich in den vergangenen zwanzig Jahren kaum etwas geändert.

Die Konferenz und alles darum herum war sowohl interessant als auch sehr spaßig - oder vielleicht besser ausgedrückt - feuchtfröhlich. Man kann über die Amis sagen, was man will, aber eines können sie unzweifelhaft meisterlich: Organisieren und feiern. Bei einer der Feiern machte ich erstmals Bekanntschaft mit zwei Getränken, die fortan zu meinen Lieblingsdrinks gehören sollten: »Seven-Seven« und »Long Island Icetea«.

Bei »Seven-Seven« handelt es sich um eine einfache Mischung aus »SevenUp« und »Seagrams Seven Crown«, einem Whisky aus dem Süden der USA, wobei mir das Mischungsverhältnis nicht ganz klar war - bis ich bewusstlos wurde.

Der »Long Island Icetea« ist nicht, wie die Namensgebung vermuten lassen könnte, ein Eistee aus Long Island, sondern der gefährlichste Cocktail, den ich bis heute kennengelernt habe: eine Mischung aus gleichen Anteilen von Rum, Wodka, Gin, Tequila und Triple Sec, deren

Eigengeschmack durch ein wenig Limettensaft und Cola absolut verborgen bleibt. Meine netten amerikanischen Kollegen haben mir diesen Eistee als Alternative verkauft und ich habe ihn genossen ... in großen Mengen ... bis die Wirkung einsetzte. Wirklich sehr lustig ... sowohl der Gedanke, mir diesen angeblichen Eistee als Alternative zu dem gefährlichen Seven-Seven anzubieten, als auch die Wirkung auf mich. Netterweise haben mich die Kollegen dann auch in mein Zimmer gebracht und mir am nächsten Tag erzählt, welche Bewunderung sie für mich hegten bezüglich der Menge, die ich in mich hineingeschüttet hatte, bevor ich umgefallen war. Also wirklich ... die Feiern und Grillfeten der Amerikaner waren echt große Klasse und suchen ihresgleichen. Bei diesem Aufenthalt in den USA und im Laufe der Konferenz habe ich jede Menge netter FBI-Kollegen kennengelernt, auf die das Vorurteil des unwissenden, uninteressierten und einfältigen Amerikaners so gar nicht zutraf.

Der wirklich interessante Teil war die eigentliche Konferenz, in der die einzelnen Ländervertreter die herausragenden Spionagefälle der jüngeren Geschichte - die teilweise zwanzig Jahre in die Vergangenheit reichte - schilderten. Dabei ging es vor allem um den typischen

Vertreter der Gattung Spion und die psychologischen Aspekte, was trieb ihn an, was war er für ein Mensch, wodurch fiel er auf oder wie könnte man ihn in Zukunft vielleicht vorab erkennen. Dabei mussten alle Konferenzteilnehmer voller Neid feststellen, dass sie zusammen nicht so viel interessante Fälle vorzuweisen hatten, wie die Deutschen alleine. Die beiden Vertreter des BfV berichteten natürlich über den Spion in den eigenen Reihen, Hansjoachim Tiedge, der als zuständiger Chef der Abwehr der DDR-Spionage im August 1985 in die DDR übergelaufen war. Also ein typischer Fall von »den Bock zum Gärtner gemacht«.

Allerdings schilderten die Herren vom BfV den Fall so oberflächlich, dass ich die Enttäuschung in den Gesichtern der ausländischen Kollegen erkennen konnte, denn die Informationen gingen nicht über die Presseberichterstattung hinaus oder blieben sogar dahinter zurück.

Ich hingegen hatte mir zum Ziel gesetzt, einen mitreißenden, informativen und schonungslosen Bericht über meine beiden Fälle abzugeben, der gerade die psychischen Aspekte betrachtete und die Einzelheiten der Tatbegehungen enthielt. Das Ganze sollte auch mit kurzweiligen Anekdoten aus den Ermittlungen gewürzt sein, die eine solch trockene Materie besser verdaulich erscheinen lassen würde.

Ich hatte die Situation und die Erwartungshaltung der internationalen Gemeinschaft von Spionagebekämpfern richtig eingeschätzt - ich wurde anschließend gelobt und alle waren begeistert ... nun ja, nicht wirklich alle.

Meine anwesenden Landsleute waren total entsetzt. Die beiden Herren vom BfV nahmen mich später zur Seite und warfen mir tatsächlich vor, ich sei ein Agent der USA ... zumindest hätten sie das aus meinen Ausführungen geschlossen. Wie ich nur so blauäugig sein könnte, den Konferenzteilnehmer in allen Details »die Wahrheit« zu berichten.

Vielleicht können Sie sich meine Verblüffung vorstellen. Ich teilte den beiden mit, was ich noch heute denke, nämlich, dass der Sinn einer solchen Konferenz und der internationalen Zusammenarbeit doch eben darin besteht, ehrlich zueinander zu sein, nichts zu beschönigen und vor allem nichts zu verfälschen. Erstmals musste ich mich mit der von den beiden Nachrichtendienstmitarbeitern getroffenen Aussage »in der internationalen Zusammenarbeit hat Ehrlichkeit auch ihre Grenzen« auseinandersetzen.

Wahrscheinlich war dieses Geschehen nicht der Anlass, warum die NSA unsere arme Kanzlerin abgehört hat oder überhaupt an der Ehrlichkeit des Bündnispartners Deutschland gezweifelt hat. Ich verstehe auch noch immer nicht die Empörung über die Abhöraktion der NSA, immerhin machen wir doch das Gleiche. Oder glaubt irgendjemand, der BND würde nicht genauso arbeiten wie die amerikanischen Geheimdienste? Wo ist also der Unterschied?

Ist Spionage grundsätzlich schlecht? Diese Frage darf man sich tatsächlich stellen, wo doch nach dem Völkerrecht das Ausspionieren auch von Bündnispartner gerechtfertigt ist. Wie sonst soll ich denn in Erfahrung bringen, ob mein Bündnispartner es ehrlich mit mir meint.

Dennoch hat vor Spionage ja eigentlich fast jeder Angst, aber es gibt Bereiche, die haben sogar noch mehr: sogar panische Angst, die fast schizoide Ausmaße annehmen kann. Ich spreche dabei von denen, die selbst spionieren - die Geheim- oder richtiger gesagt Nachrichtendienste. Ein lustiges Beispiel dazu habe ich bei einem sehr bekannten Nachrichtendienst in einer großen

Stadt im Süden, mit M, Sie wissen schon, was ich meine, erlebt. Inzwischen ist auch dieser Nachrichtendienst ja unter großem Tamtam nach Berlin umgezogen.

Besagte Behörde hatte so viel Angst vor Spionen anderer Mächte in den eigenen Reihen, dass sie bei dem geringsten Verdachtsmoment auf Nummer sicher gehen wollten. Als ein Kollege und ich einmal einen Mitarbeiter in der Behörde zu einem Fall befragen wollten, wurde uns mitgeteilt, dass dieser Bedienstete in einer Außenstelle in einem anderen Stadtteil arbeiten würde. Noch bevor wir uns auf den Weg dorthin machten, ließ sich ein Mitarbeiter der Zentrale zu einer unbedachten Äußerung hinreißen:

»Ach der, ja, der arbeitet jetzt im Archipel Gulag!«

Als Erläuterung für all die jüngeren unter den Lesern - bei dem »Archipel Gulag« handelt es sich um das Buch des russischen Literaturnobelpreisträgers Alexander Solschenizyn. Gemeint waren die wie eine Inselwelt (Archipel) über die Sowjetunion verteilten Straflager (Gulag) in der Zeit Stalins und Chruschtschows.

In diesem Moment konnten wir allerdings mit seiner Bemerkung nicht viel anfangen, was sich änderte, als wir an der uns mitgeteilten Adresse ankamen. Es handelte sich um ein völlig normales Wohnhaus, besser gesagt eine Jugendstilvilla in einem noblen Stadtteil im Außenbezirk der Stadt. Als wir voller Verwunderung das Gebäude betraten, offenbarten sich uns zu »Quasi-Büros« umfunktionierte normale Wohnräume, in denen sich aber lediglich kleine Schreibtische befanden. Vergeblich suchten wir nach der üblichen Ausstattung wie Aktenschränken, Computerterminals und ähnlichen Zeugnissen einer Tätigkeit, die normalerweise Papier erzeugten.

In einem Zimmer saß ein Mann, der mit einem anderen Schach spielte, in einem anderen saß jemand, der weiße Blätter handschriftlich beschriftete. Wir erfuhren später, dass er seine Memoiren schrieb. In einem dritten Zimmer saß jemand, der ein Buch las ... und ich musste mit Erschrecken feststellen, dass es sich um Adolf Hitlers »Mein Kampf« handelte.

Als wir unseren Mann endlich gefunden hatten, berichtete er uns, dass in diesem Gebäude all diejenigen landeten, gegen die auch nur der kleinste Verdacht bestand, für die Gegenseite zu arbeiten. Der Grund war, dass man sie nicht entlassen konnte - dazu reichten die

Verdachtsmomente nicht aus -, aber arbeiten lassen konnte man sie eben vermeintlich auch nicht. Also schob man sie ins »Archipel Gulag« ab und ließ sie dort tun, worauf immer sie auch Lust hatten ... solange es nichts mit der Firma zu tun hatte.

Einen Moment lang war ich tatsächlich unschlüssig, ob das ein erstrebenswertes Arbeitsumfeld sein könnte. Aber mir wurde schnell klar, dass ich unter solchen Umständen nicht weiter bei dieser Firma hätte arbeiten wollen, wenn man es denn Arbeit nennen konnte, jeden Tag zu kommen und machen zu können, was man wollte. Bis heute vermute ich, dass die Behörde sich genau das zum Ziel gesetzt hatte: Wenn man die Leute schon mangels ausreichender Beweise nicht entlassen konnte, dann konnte man sie ja vielleicht zumindest so frustrieren, dass sie irgendwann von selbst keine Lust mehr hatten und hoffentlich kündigten.

Ganz schön clever und auch ziemlich menschenverachtend!

Irgendwann nach einigen Jahren hatte ich so viele vermeintliche und tatsächliche Spione vernommen, dass sich eigentlich alles immer wiederholte. Es trat eine gewisse Gleichförmigkeit

ein, was mich stets schnell gelangweilt hatte -
also:

Ich war nicht mehr so wirklich zufrieden.

Deshalb griff ich sofort zu, als man mir ein Angebot machte, dass ich nicht ablehnen konnte.

Fünfte Station: Ausbilder in der IT

Ich muss voranschicken, dass mich im Alter von etwa dreißig Jahren, also um das Jahr 1985, ein Ereignis so schockierte, dass ich mich entschloss, etwas in meinem Leben zu ändern.

Grundsätzlich hatte ich mich schon immer für elektrische Geräte interessiert, allerdings bis zu diesem Tag vor allem für Fernseher und Videorekorder. So stand ich also nun in der entsprechenden Abteilung eines Herti-Kaufhauses, und während ich mir so die neuesten Geräte anschaute, hörte ich unweit von mir ein paar Jugendliche oder eher sogar Kinder, die ihren Spaß zu haben schienen. Neugierig, wie es meine Art ist, näherte ich mich den Kids und sah etwas, das ich nicht verstand. Sie standen vor mir unbekannten Geräten und bedienten Tastaturen, Joysticks und andere Teile, um damit auf Monitoren, die wie Fernseher aussahen, etwas zu bewegen oder mir unverständliches Zeug einzugeben. Ich wusste zwar, dass das, was sie da gerade bearbeiteten, Computer genannt wurde, aber ich hatte keine Ahnung, was genau sie da taten - und ich war erst dreißig!

Mir war es eiskalt den Rücken heruntergelaufen und ich hatte daran denken müssen, dass meine Oma mich gefragt hatte, wie die Bilder in den Kasten kommen, den ich an den Fernseher angeschlossen hatte, als ich ihr das erste Mal ein Video vorführte. Ich hatte mich beherrscht und nicht laut gelacht, aber ich hatte auch schnell einsehen müssen, dass ich meiner Oma nicht erklären konnte, wie ein Videorekorder funktionierte. Der Zug war für sie abgefahren. Gerade in diesem Moment im Kaufhaus hatte ich die imaginäre Trillerpfeife eines Schaffners gehört und kurz darauf seinen Ausruf: »Achtung, bitte zurückbleiben, der Zug in Richtung moderne Technik fährt ab. Vorsicht an der Bahnsteigkante.«

Ich hatte den Zug abfahren sehen – und mich hilflos am Bahnsteig stehen, ohne eine Ahnung, wie ich jemals mitkommen sollte. Nein - ich wollte mir niemals von Kindern Dinge zeigen lassen müssen, die ich nicht verstand und bei denen ich nicht mitreden konnte.

Das war der Tag, als ich mir meinen ersten Computer gekauft hatte.

Das entwickelte sich zu einem Hobby, das viel Zeit in Anspruch nahm, mir aber auch wirklich Spaß machte. Es stellte eine Herausforderung dar und ständig veränderte sich etwas. Ich hatte meinen Spaß ... allerdings nur in der Freizeit. Und dann passierte das, was ich mir ein Jahrzehnt zuvor nicht hätte vorstellen können: Die Polizei machte einen Schritt ins Computerzeitalter und führte Computer für alle Mitarbeiter ein. Hatten bislang zumindest die Schreibdamen mit sogenannten Bildschirmschreibmaschinen gearbeitet, sollte nun jeder Beamte einen PC bekommen und zukünftig darauf selbst schreiben - eine Revolution!

Bis zu diesem Tage hatte sich noch niemand wirklich Gedanken über die Altersstruktur einer Behörde wie dem BKA Gedanken gemacht. Bis dahin galt: Je älter, umso besser, da erfahrener und abgebrühter. Das BKA hatte Mitarbeiter zwischen einundzwanzig und sechzig, damals noch ziemlich gleichmäßig verteilt. Schnell musste man feststellen, dass die Einführung der »individuellen elektronischen Datenverarbeitung« - so nannte man die Ausstattung mit PC damals - nicht nur eine Revolution in der Polizei darstellte, sondern auch eine ebensolche zu verursachen drohte.

»Nur über meine Leiche!«, waren noch die angenehmsten Drohungen, die vor allem von der älteren Generation ausgestoßen wurde. »So ein DING schmeiß ich sofort aus dem Fenster!« oder

»Da kündige ich eher, als dass ich so eine Höllenmaschine bediene!« war an der Tagesordnung.

Also stellte man sich auf der Führungsebene die sehr intelligente Frage: »Was tun?«

Es führte nun mal kein Weg an der neuen Technik vorbei und man kam auf die geniale Idee, Kräfte aus den eigenen Reihen zu gewinnen, die sowohl Polizisten mit einer gewissen Erfahrung, zusätzlich PC-interessiert und mit der Fähigkeit, andere zu unterrichten, ausgestattet waren.

Was lag da für mich näher, als mein privates Interesse, mein Hobby, nun zum Beruf zu machen. Ich meldete mich freiwillig für diese undankbare Aufgabe und wurde zunächst in Teilzeit und kurze Zeit später in Vollzeit »Trainer in der IT«.

Ich hatte keine Ahnung, auf was ich mich da eingelassen hatte. Hätte ich nicht bei der Ausbildung zum Trainer meinen zukünftig besten Freunde, den leider nur zehn Jahre später und viel zu früh an Krebs verstorbenen Adolf »Adi« Alefeld kennengelernt, wären wir beiden nicht zu einem der lustigsten und fröhlichsten Ausbilderteams aller Zeiten geworden - vielleicht hätte ich sehr schnell hingeschmissen.

Was für ein Glück, denn hätte ich es getan ... was wäre mir alles entgangen!

Ich werde wohl nie vergessen, was sich während unserer eigenen Ausbildung zutrug, als wir im hohen Alter von über vierzig Jahren nochmal die Schulbank drückten. Unsere Ausbilderin war eine für gutes Geld eingekaufte Unternehmerin, die genau das unterrichtete, was wir brauchten: Wie geht man mit dem PC und den darauf befindlichen Anwendungen um, und wie vermittelt man diese Kenntnisse dann Anderen.

Sie war ihr Geld dreimal wert und wir mochten sie alle. Als sie jedoch in einer Unterrichtsstunde einmal zu meinem Kumpel Adi sagte, »Herr Alefeld, sitzen Sie doch lieber gerade am Schreibtisch. Sie hängen da ja total verkrümmt über der Tastatur«, kam es beinahe zum Eklat.

»Liebe Frau Ritter, wenn Sie so ein Riesending zwischen den Beinen hätten wie ich, würden Sie auch verkrümmt dasitzen!«

Sie war sprachlos - ich war genauso sprachlos - und mein Kumpel war zuerst selbst sprachlos und bekam dann eine ziemlich rote Birne, als ihm auffiel, was er da gerade gesagt hatte. Zu seinem Glück konnte er den Sachverhalt schnell genug aufklären, bevor das

Ganze schlimme Konsequenzen gehabt hätte: Selbstverständlich meinte er den unter dem Tisch stehenden riesigen Computer, der mangels ausreichend langer Kabel und einer unglücklichen Tischanordnung genau zwischen seinen Beinen stand und ihn doch schwer behinderte.

Ich habe nicht sehr oft in meinem Leben einen solchen Lachkrampf bekommen, wie in diesem Moment.

Richtig lustig wurde es, als es an die Ausbildung der mehr oder minder freiwillig in unsere Kurse gesandten Mitarbeiterinnen und Mitarbeiter ging. Wir sollten ihnen den Umgang mit Windows, Word, Excel, Outlook und diversen anderen Programmen beibringen, was uns grundsätzlich viel Spaß machte. Wir gaben uns alle Mühe, veranstalteten einen lustigen, motivierenden und hoffentlich auch interessanten und lehrreichen Unterricht.

Das war nicht immer einfach, denn wir hatten mit ganz besonderen Tücken des Beamtentums zu kämpfen.

Stellen Sie sich vor, Sie sollen einer bunt gemischten Truppe beiderlei Geschlechts und im Alter von zwanzig bis Ende fünfzig etwas beibringen, was für die meisten Neuland darstellt. Das scheint eigentlich nichts Ungewöhnliches zu sein, aber jeder, der schon mal was mit Erwachsenenbildung zu tun hatte, weiß, dass sich selbst in Gruppen von lediglich zwölf Personen so etwas wie eine Gruppendynamik herausbildet. Vor allem wenn alle Personen aus derselben Dienststelle stammten und auf einmal Vorgesetzte mit Untergebenen oder sogar Chefs mit ihren Vorzimmerdamen zusammen im selben Unterricht saßen.

Letzteres führte bisweilen zu so skurrilen Situationen, dass der Chef beiseite rückte und seine Vorzimmerdame für ihn tippen ließ. Das galt es natürlich zu unterbinden. Auch gegen Widerstände. In den Fällen, in denen Untergebene mit ihren direkten Vorgesetzten im gleichen Kurs saßen, mussten wir diese möglichst weit auseinandersetzen, denn nichts macht Untergebenen mehr Spaß, als ihre Vorgesetzten bei etwas zu beobachten, dass die schlechter können als man selbst. Auch der Hinweis »Was hier im Lehrgang passiert, bleibt auch im Lehrgang!«, half nicht wirklich, denn die vermeintlich dummen Fragen eines Vorgesetzten wurden selbstverständlich rumgetratscht.

An eine Frage eines Herren erinnere ich mich noch besonders gut. Wir behandelten gerade das Ausdrucken von Berichten und besprachen die Möglichkeit, zwischendurch auch mal ein Blatt im Querformat auszudrucken. Die dann eingeworfene Frage warf mich zunächst aus der Bahn:

»Ist es denn auch möglich, ein Blatt gleichzeitig im Hoch- und im Querformat zu bedrucken?«

Erst nach einigen Sekunden der Überlegung, ob mir da eventuell eine Sonderfunktion der Textverarbeitung nicht bekannt war, dämmerte mir der Irrsinn dieser Frage. Ich hatte aber gelernt, dass man Schüler nicht auf die Dummheit der Frage hinwies, sondern sie zur Antwort führte, indem man eine Gegenfrage stellte. »Wofür könnte das denn gut sein oder benötigt werden?«

Schulterzucken, leerer Blick. »Keine Ahnung.«

»Warum fragen Sie das denn dann?«

»Keine Ahnung, einfach so, wäre doch interessant, oder?«

Vor diesen Schulungen war ich immer der Meinung gewesen, dass die Solidarität unter

Frauen in einer immer noch von Männern dominierten Berufswelt größer sei als mögliche Dünkel. Weit gefehlt. In einem Lehrgang saßen sowohl eine Beamtin als auch eine Angestellte. Auf die Verständnisfrage der Angestellten zu einem Sachverhalt, warf die Beamtin demonstrativ ihren Kugelschreiber auf den Schreibtisch, blickte flehentlich nach oben und äußerte: »Mein Gott, Angestellte!« Speziell diese Dame war übrigens die Einzige, die ich in über hundert Lehrgängen des Lehrgangs verwiesen habe, als sie mitten im Unterricht aufstand, sich ihre Zigaretten nahm und ohne ein Wort den Raum verließ … um, wie sie später erklärte, nur mal kurz eine zu rauchen. So viel Unverschämtheit konnte ich mir nicht bieten lassen.

Aber insgesamt waren es eher die Interessierten und Lernwilligen, denen wir versuchten, die Materie näherzubringen.
Zusätzlich beteten wir, dass möglichst viel bei den Damen und Herren hängenblieb, denn unsere Aufgabe war es nicht nur, sie alle zu beschulen, sondern auch, ihnen später bei Fragen und Problemen helfend zur Seite zu stehen.

Genau da begann es dann, wirklich lustig zu werden. Wir hatten eine Hotline eingerichtet, auf der alle Anwender anrufen konnten, wenn sie ein Problem hatten. Alleine über die in mehreren Jahren eingehenden Anrufe ließe sich wiederum ein ganzes Buch schreiben, deshalb will ich an dieser Stelle nur einige wenige Beispiele niederschreiben, die mir noch heute in guter Erinnerung sind.

Um jeden unberechtigten Verdacht, ich hielte weibliche Computernutzer für unfähiger als ihre männlichen Kollegen, von vorneherein abzuwehren: Ich habe die Erfahrung gemacht, dass beide Geschlechter gleichermaßen fähig oder unfähig sind. Ich habe auch stets meinen Mitarbeitern verboten, einen Begriff zu benutzen, der inzwischen weltweit die Runde macht (natürlich in jeder Sprache etwas anders): Der DAU = dümmster anzunehmender User = dümmster anzunehmender Anwender.

Mir war immer wichtig, dass meine Mitarbeiter einsahen, dass die Kolleginnen und Kollegen nicht »dumm«, sondern höchstens unwissend, vergesslich oder gerade ein wenig verwirrt waren. Lesen Sie bitte die geschilderten Fälle unter diesem Aspekt - auch wenn es Ihnen vielleicht schwerfällt.

1. Fall

Anrufer: »Meine Köfferchen sind weg!«

Hotline: »Welche Köfferchen meinen Sie?«

Anrufer: »Na die auf dem Fernseher, da, also die von der Maschine.«

Hotline: »Sie meinen den Bildschirm vom Computer, oder?«

Anrufer: »Ja klar, sag ich doch. Die Köfferchen sind weg.«

Hotline: »Welche Köfferchen meinen Sie?«

Anrufer: »Also, die ... äh ... wo ich immer die Sachen drin verstaue.«

Hotline: »Welche Sachen?«

Anrufer: »Na, halt so Briefe und Listen und so was.«

Hotline: »Meinen Sie vielleicht die Ordner?«

Anrufer: »Genau, die Köfferchen, die aufgehen, wenn man sie anklickt.

2. Fall

Anrufer: »Hallo, ist da die Hotline?«

Hotline: »Ja (wer sonst?), wie können wir Ihnen helfen?«

Anrufer: »Ja, also ... ich schreib da gerade einen Bericht ... also mit diesem Word ...

und jetzt weiß ich nicht mehr, wo ich die Knickneger finde.«

Hotline: »Die bitte was?«

Anrufer: »Die Knickneger. Was weiß ich denn, wie ihr die nennt. Ich nenn die immer Knickneger.«

Hotline: »Ich weiß jetzt wirklich nicht, was genau Sie meinen. Können Sie das vielleicht umschreiben? Welche Knickneger?«

Anrufer: »Die Dinger, wo dieses andere Ding immer wo hinspringt, wenn ich die eine Taste drücke.«

Hotline: »Können Sie das genauer beschreiben? Wie sehen diese Knickneger denn aus?«

Anrufer: »Tja, das sind doch diese kleinen schwarzen Dinger, die sehen aus wie Haken. Und wenn ich dann eine Taste drücke, dann kann man weiter innen weiterschreiben.«

Hotline: (Große Erleuchtung) »Meinen Sie vielleicht die Tabulatoren, mit der sie die Schreibmarke an eine bestimmte Stelle in einer Zeile springen lassen können?«

Anrufer: »Wahrscheinlich ja, wenn ihr die so nennt. Ich nenn die immer Knickneger!«

3. Fall
Anrufer: »Hallo, ich hab hier ein technisches Problem.«
Hotline: »Um was geht es denn? Wie kann ich Ihnen helfen?
Anrufer: »Tja, also ... mein Kaffeetassenhalter ist abgebrochen.
Hotline: »Welcher Kaffeetassenhalter?«
Anrufer: »Na der am PC!«
Hotline: »Wo ist denn da ein Kaffeetassenhalter an ihrem PC?«
Anrufer: »Na, wenn ich auf den einen Knopf an der Kiste drücke, dann kommt der Kaffeetassenhalter herausgefahren. Und auf den habe ich die volle Kaffeetasse abgestellt und dann ist der halt abgebrochen.«
Hotline: »Sie meinen doch wohl nicht das CD-Laufwerk?«
Anrufer: »Was ist ein CD-Laufwerk?

Zu dem letzten geschilderten Fall sei gesagt, dass dieser sich lange vor dem im Internet verbreiteten Video ereignete, in dem ein Büroangestellter einen vollen Plastikbecher in das ausgefahren CD-Laufwerk gestellt hat, welches dann wieder in den Rechner reingefahren ist und den Plastikbecher zerquetscht hat. Ich verbürge mich bei meiner Ehre dafür, dass dieser 3. Fall sich genauso ereignet hat, wie ich ihn hier schildern durfte.

Sollten Sie das Youtube-Video sehen wollen, geben Sie in Google als Suche »Laufwerk als Kaffeebecher« oder »Becher Kaffee im CD Laufwerk« ein und Sie können sich den nur zweiundzwanzig Sekunden dauernden Clip bei Youtube oder MyVideo ansehen. Aber Vorsicht: Sollten Sie das Video noch nie gesehen haben, denken Sie daran, nicht gerade selbst Kaffee im Mund zu haben - es könnte sein, dass sonst anschließend das Buch oder Ihr eBook-Reader viele kleine braune Flecken aufweist.

Es war eine lustige Zeit, an die ich mich gerne zurückerinnere, auch wenn es manchmal doch etwas stressig war, Leuten dieselbe Sache immer und immer und immer wieder zu erklären.

Aber was tut man nicht alles, um den Menschen zu helfen.

Mit der Zeit verlegte ich mich darauf, die Ausbilder auszubilden und selbst weniger die Endanwender zu unterrichten, was auch eine sehr interessante und befriedigende Tätigkeit war. Zusätzlich arbeitete ich mich immer mehr in die gesamte Materie der Informationstechnologie (IT) ein, was die Voraussetzung dafür schuf, sofort »Hier!« zu schreien, als sich mir die nächste tolle Möglichkeit bot.

Die Zentrale des BKA war und ist auch noch heute in Wiesbaden. Dort war und ist die Abteilung IT (Informationstechnik) angesiedelt. Ich selbst war immer noch in Meckenheim tätig und zwischenzeitlich gab es einen dritten Standort in Berlin.

Irgendjemand war der Meinung, diese Abteilung IT sei den Anforderungen des modernen Zeitalters nicht mehr gewachsen und beschloss, sie solle reformiert und auf ein neues Level gehoben werden. Dazu war man bereit, eine Menge Geld in die Hand zu nehmen und externe Kräfte zu engagieren, in diesem Fall die Firmen IBM, Microsoft, T-Systems und Materna. Außerdem war man - sehr zum Leidwesen einiger älterer Mitarbeiter in den Führungsebenen der

Abteilung IT - der Meinung, man müsse einen Manager von außerhalb einstellen, der »*den Laden endlich auf Vordermann*« bringen könnte.

Also startete man das Projekt »Phönix«. Sie kennen sicherlich die Sage vom »Phönix aus der Asche«, oder nicht?

Nur zur Sicherheit: Bei dem ursprünglich wohl ägyptischen Mythos des Phönix handelt es sich um einen meist als Reiher dargestellten Vogel, der am Ende seines Lebens in die Sonne fliegt, verbrennt, zu Boden fällt und aus seiner Asche aufersteht.

Ein schöner Mythos. Aber es zeigt sich wieder einmal, dass man eine Geschichte auch zu Ende lesen sollte - denn am Ende des neuen Lebens fliegt der blöde Vogel wieder in die Sonne ... und verbrennt erneut. Sollte diese Wendung des Gleichnisses ein Vorbote für den Ausgang des Projektes »Phönix« sein?

Aber ich will nicht vorgreifen.

Das BKA stellte einen knallharten Manager aus der freien Wirtschaft ein, übertrug ihm die Leitung der Abteilung IT und er begann, die externen Firmen mit der Durchführung des Projektes zu beauftragen.

Zuallererst galt es, Mitarbeiter aus den eigenen Reihen zu finden, die Lust auf viel Arbeit, Interesse an der IT und keine Angst vor völlig neuen Konzepten hatten. Also war ein Aufruf gestartet worden ... und ich hatte keine Sekunde gezögert, mich zu melden. Hurra, etwas Neues, etwas ganz Neues, etwas epochal Neues ... und ICH würde dabei sein.

Man schrieb das Jahr 2002 und benutzte auf einmal völlig neue Begriffe für Dinge, die es schon immer gegeben hatte. Alle Interessenten für das Projekt wurden zu einer »Kennenlernveranstaltung« eingeladen, nur nannte man das eben auf Neudeutsch »Kick-Off«, was man am besten mit »Tritt los« übersetzen könnte.

Dazu reisten dann alle, die wie ich von außerhalb kamen, nach Wiesbaden, man traf sich im Kreis von etwa fünfzig Personen und es wurden die inzwischen üblichen Maßnahmen zur sogenannten »Teambildung« und dem Erkennen von engagierten, motivierten und interessierten Mitarbeitern durchgeführt. Sollten Sie an einer solchen Veranstaltung noch nie teilgenommen haben, wird es für Sie sicherlich interessant sein, wie sowas abläuft.

In einer mehrstündigen Präsentation wurden die Ziele des Projektes durch viele, viele, nein, sehr viele bebilderte Folien dargestellt. Da ich im Grunde meines Herzens ja immer noch Kriminalist war, beobachtete ich dabei auch intensiv die anderen Mitstreiter und Mitstreiterinnen. Dabei fiel mir auf, dass es in den Reihen der externen Firmenmitarbeiter auch welche gab, die kaum etwas anderes machten, als wie ich die BKA-ler zu beobachten. Und ob Sie es glauben oder nicht: Da gab es unter uns tatsächlich welche, die während eines solchen Vortrages einschliefen! Nach einer Pause nach anderthalb Stunden kamen einige der Freiwilligen nicht wieder zur Fortsetzung des Vortrages. Ich fragte mich nicht lange, warum.

Dann gab es welche, die bereits zu Anfang bemängelten, dass die meisten Fachbegriffe, die genannt wurden, in englischer Sprache waren und die fragten, ob man das Ganze denn nicht auch in Deutsch machen könnte, schließlich wären wir doch in Deutschland. Auch von denen kamen einige nicht wieder aus der nächsten Pause.

Danach gab es teambildende Spiele. Es wurden Mannschaften gebildet, man bekam mehrere plakatgroße Blätter Papier, eine Schere und eine Rolle Tesafilm. Die Aufgabe der einzelnen Teams war, ein rohes Ei aus dem zweiten Stock aus dem Fenster nach unten zu befördern, ohne dass es kaputtging.

»Kindergarten!«, »Lächerlich!« und »Ich mach mich doch nicht zum Affen!«, waren nur einige der empörten Ausrufe von älteren Mitarbeitern ob solch profaner Spielereien. »Da hab ich doch Wichtigeres zu tun!« Es bedurfte eines Machtwortes des neuen Managers und Leiters der Abteilung IT, der offensichtlich schon öfter an »Teambuildings« teilgenommen hatte. Also wurde gebastelt, was das Zeug hielt, Fallschirme, Abseilvorrichtungen oder auch Aufprallschutzvorrichtungen in der Art eines Airbags. Wiederum gingen Mitarbeiterinnen und Mitarbeiter vor allem von IBM rund und beobachteten die Teams. Mir war klar, dass es ihnen nicht um die Erfindungen oder die Pfiffigkeit der Ideen ging, sondern darum, wer sich wie einbrachte, Ideen durchsetzte, die Führung eines Teams übernahm oder nur gelangweilt in der Gegend herumstand und den anderen bei der Arbeit zusah.

Ein weiterer Wendepunkt kam, als um 18:00 Uhr (die Veranstaltung lief seit 09:00 Uhr!) Verkündet wurde, dass man jetzt noch eine Pause machen würde und danach noch eine Befragung und eine Sammlung von Meinungen starten sollte. Sie haben richtig gelesen, um 18:00 Uhr wagte es jemand, den Herren und Damen Beamten zu sagen, dass es noch weiterging. Empörung machte sich breit.

»Wir sind doch schon seit neun Uhr heute Morgen dran! Ich muss jetzt aber mal langsam nach Hause, meine Katze füttern.«

»Ich bin zum Essen eingeladen.«

»Ich bin langsam müde.«

»Das hat mir aber keiner gesagt, dass das so lange dauern würde.«

An dieser Stelle ging mir der Gaul durch. Als ehemaliger Terroristenjäger und durch Sonderkommisssionen geschulter Lang-Arbeiter, hasste ich solche Aussagen. Ich meldete mich zu Wort und appellierte an ihre Ehre, an ihr Einsehen, an ihre Vernunft und noch viele andere Dinge, von denen ich befürchtete, dass Viele sowas gar nicht hatten. Ich stellte die einmalige Möglichkeit in den Vordergrund, an etwas Neuem mitzuwirken, etwas zu schaffen, was vorzeigbar war und so weiter. Leider meldete sich auch noch der neue Abteilungsleiter zu Wort und drohte allen, die jetzt einfach das Handtuch warfen, üble

Konsequenzen an, wenn sie weiter so jammerten und nicht ihr Bestes gäben.

Dadurch war es mir leider nicht vergönnt festzustellen, ob es meine motivierende Ansprache oder die Angst vor Konsequenzen war, die alle veranlasste, zu bleiben. Zumindest kam nach der Veranstaltung, so gegen 21:00 Uhr, der Teamleiter von IBM auf mich zu und fragte mich, ob ich nicht Lust habe, eine leitende Position in diesem Projekt zu übernehmen. Ich stimmte freudig zu, denn ... ich hatte ja keine Ahnung, was auf mich zukommen würde.

Ich will Sie nicht mit den Einzelheiten eines IT-Projektes langweilen, sondern Ihnen lediglich die Dinge schildern, die mich immer wieder auf den Boden der Realität des Beamtentums zurückbrachten. Aber auch die Dinge, die von einer nicht zu bestreitenden Tragikomik waren, dass man nicht wusste, ob man lachen oder weinen sollte.

Nach drei Monaten intensiver Arbeit, vielen zwölf-Stunden-Arbeitstagen und ersten Fortschritten fand ein Fest statt, auf dem Zwischenerfolge gefeiert werden sollten - obwohl viele der älteren Mitarbeiter gar nicht sicher waren, ob man das Erreichte überhaupt Erfolge nennen konnte. Es war etwas Neues ... und der Widerstand gegen alles Neue wird bekanntlich dem gemeinen Beamten mit in die Wiege gelegt.

Der Grundsatz »Warum etwas ändern, was sich Jahrzehnte lang bewährt hat?«, war Vielen so in Fleisch und Blut übergegangen, dass sie nichts von etwas Neuem wissen wollten. Diese Einstellung hatte auch die Führungsriege direkt unterhalb des neuen Abteilungsleiters, die es gerne gesehen hätten, wenn alles beim Alten geblieben wäre.

Ein Highlight des Festes war der engagierte Zauberer, der einige Kunststücke vorführte, unter anderem eines, das mir noch heute in Erinnerung ist. Der neue Abteilungsleiter musste sich auf einen Stuhl setzen, dann wurde ihm vom Zauberer eine Kiste über den Kopf gestülpt und anschließend jagte er ein riesiges Schwert quer durch die Kiste.

Sie ahnen, was passiert ist? Natürlich nichts! Das Schwert wurde herausgezogen und es tropfte noch nicht mal Blut davon herunter. Die Kiste wurde vom Kopf des Abteilungsleiters genommen und er hatte auch kein Loch in der Schläfe oder sonst eine Verletzung.

Nur wenige Minuten später belauschte ich ein Gespräch des Vertreters des Abteilungsleiters mit anderen Führungspersönlichkeiten, der aus seiner Enttäuschung keinen Hehl machte, dass der Trick gelungen war. Er hätte so gehofft, dass er schiefging und man wieder zu der alten Arbeitsweise hätte zurückkehren können. Er war tatsächlich ein wenig traurig.

Ein weiteres Highlight war der Tag, an dem ich einigen IBM-Mitarbeitern gegenübersaß, mit denen ich besprechen sollte, wie man am besten Mitarbeitermotivation betreiben könne. Für die IBM-ler war die Sache völlig klar und ganz einfach. Sie hätten schon in anderen Firmen sehr gute Erfahrungen damit gemacht, ein Belohnungs- oder Prämiensystem einzuführen. Man war erfreut, von mir zu hören, dass es bereits ein Prämiensystem im Beamtentum allgemein und somit auch beim BKA gäbe. Die Freude hielt nur kurz, da ich sie auf den Boden der Realität holen und ihnen erklären musste, wie das bei Behörden in Wirklichkeit funktionierte:

Es gab Einzel- und Gruppenprämien. Toll - meinten die IMB-Leute. Aber da wussten sie noch nicht, nach welchen Kriterien die Glücklichen erwählt wurden, die eine solche Prämie bekamen.

IBM stellte sich Folgendes vor:

- herausragende Leistungen
- Führungsqualitäten
- erfolgreicher Abschluss einer schwierigen Arbeit

Die gelebte Realität im BKA war allerdings:

- der ist jetzt aber auch endlich mal dran, eine Prämie zu bekommen, der hatte noch nie eine.
- der hat so eine schlechte Beurteilung bekommen, da könnten wir ihn ja vielleicht mit einer Prämie entschädigen.
- letztes Jahr war die eine Truppe dran, dann muss jetzt aber auch mal die andere dran sein, sonst werden die sauer.

Nach anfänglichen Lachkrämpfen setzte auf Seiten der IBM-ler die Ernüchterung ein, denn mit einem solchen Belohnungssystem konnte man keinen Hund hinter dem Ofen hervorlocken.

Die Mitarbeiterinnen und Mitarbeiter der Firma IBM äußerten dann die glorreiche Idee, man könne doch an die VERNUNFT der Mitarbeiter appellieren, da es sich um eine gute Sache handelte und alle davon profitieren würden. Das allerdings rief dann bei mir einen Lachkrampf hervor.

Ich hatte insgesamt viel zu lachen in dieser sehr arbeitsreichen Zeit.

Unser neuer Abteilungsleiter war erst wenig länger als ein Jahr bei uns und seine Ziele waren noch lange nicht erreicht, da bestätigte sich die alte Weisheit »Neue Besen kehren gut - aber nicht lange«. Er wurde zu Höherem berufen und verließ das Bundeskriminalamt ... sehr zur Freude aller Anhänger der Ansicht »Warum etwas ändern, das jahrelang gut gelaufen ist?«

Er war kaum zur Tür hinaus, da wurden die ersten seiner Entscheidungen wieder zurückgedreht und es dauerte nicht lange, bis alles wieder im alten Trott lief. Natürlich konnte man nicht alles sofort zunichtemachen, zumal das Bundesinnenministerium mit einem gewissen Misstrauen die Fortschritte beobachtete und immer wieder auf dem Laufenden gehalten werden wollte. Also bremste man die Bewegung langsam aus, gab vor, den Kulturschock für die Mitarbeiter möglichst klein halten zu wollen und ging die Veränderungen eher langsam an, in so einer Art Zwanzig-Jahres-Plan.

Aber ein paar Dinge waren angestoßen worden und nun stand die Entscheidung an, wer sollte in der neuen Organisation welche Posten besetzen. Nach meiner über zwei Jahre andauernden Tätigkeit im Projekt sollte ich nun den entsprechenden Posten in der Organisation bekommen. Sowas ist natürlich an gewisse Regeln geknüpft. Zum Beispiel muss eine Stelle ausgeschrieben werden, dann können sich auch andere darauf bewerben.

Und es kam, wie es kommen musste:

Mein damaliger Chef, von dem ich wirklich sehr wenig hielt, was seine fachliche Qualifikation anging, bestätigte meinen Eindruck von sich. Er hatte studiert, allerdings nicht Informationstechnologie, sondern Physik, war ganz besonders stolz auf seine Doktorarbeit zur Chaostheorie und unternahm alles, um seine Untergebenen davon zu überzeugen, dass er an der völlig falschen Stelle saß. Es war erschütternd von einem Leiter eines Referates in der IT folgenden Satz zu hören: »Lassen Sie mich nur in Ruhe mit diesen Computern und versuchen Sie erst gar nicht, mir was zu erklären. Ich traue den Dingern nicht, die sind einfach nicht durchschaubar.«

Er wurde seinem Ruf in jeder Hinsicht gerecht und gab mir eine mittelmäßige Beurteilung, in dem Glauben, ich bräuchte keine bessere Note, da ja ich ja sowieso als Einziger für die neue Stelle in Frage käme.

Er hätte sich nicht mehr täuschen können.

Ein anderer Kollege hatte sich ebenfalls auf die Stelle beworben, obwohl er nicht die gleiche Qualifikation wie ich aufwies ... aber, er hatte eine bessere Beurteilungsnote. Man versicherte mir anschließend mit einem bedauernden Schulterzucken, dass es da leider keine andere Möglichkeit gäbe, als nach »Aktenlage« zu entscheiden, also der Kollege die Stelle bekommen musste - Qualifikationen hin oder her. Es tat wirklich allen sehr, sehr leid, zumal ich ja den neuen Bereich aufgebaut hatte, in den vergangenen Jahren hunderte von Überstunden geleistet und angesammelt hatte und man mich ja eigentlich auch für den Richtigen für diese Stelle hielt.

Wirklich schade, sorry, aber leider nicht zu ändern!

Noch am folgenden Tag trat ich einen fast dreimonatigen Urlaub aufgrund meiner vielen Überstunden an und erklärte gleichzeitig, dass ich mit sofortiger Wirkung nach Meckenheim zurückkehren wolle. Offensichtlich hatte man ein so schlechtes Gewissen, wie man mit mir verfahren war, dass niemand es wagte, mir irgendwelche Steine in den Weg zu legen.

Selten zuvor und nie wieder danach war ich so unglücklich mit meiner beruflichen Entwicklung und tagelang brütete ich darüber, wie es weitergehen sollte. Ich war enttäuscht, verärgert, frustriert und wollte am liebsten alles hinschmeißen - bis ich mich an etwas erinnerte, was ich bis zu diesen Tagen total in den Hintergrund meines Gehirns verbannt hatte.

Etwa sechs Monate zuvor waren Vertreter des Bundesgrenzschutzes bei mir in Wiesbaden gewesen und hatten sich über das Projekt, und was ich genau darin gemacht hatte, informiert. Der mich besuchende IT-Spezialist war angetan von dem, was wir erreicht hatten, deutete mir an, dass der Bundesgrenzschutz in Bälde ein gleichartiges Projekt starten wolle, und versuchte sofort ... mich abzuwerben.

In dem Glauben daran, dass beim BKA alles gut werden würde, habe ich dankend abgelehnt und darauf verwiesen, dass ich auf jeden Fall meine Arbeit beim BKA zu Ende machen wolle.

Oh, was war ich blöd gewesen. Nun aber fiel mir der Kollege wieder ein und ich setzte mich sofort mit ihm in Verbindung und fragte, ob sein Angebot noch stehe.

Und siehe da ... es stand noch. Er versicherte mir, alles in Bewegung zu setzen, um mir den Weg vom BKA zum Bundesgrenzschutz zu ebenen.

Sechste Station: Wechsel zum BGS

Am 15. März 2005 war es so weit und ich trat meinen Dienst beim Bundesgrenzschutz (BGS) in Koblenz an.

Schon bei meinem Dienstantritt stand fest, dass diese Polizei des Bundes Mitte des Jahres 2005 in Bundespolizei umbenannt werden würde. Der Grund war, dass diese zirka 40.000 Männer und Frauen starke Truppe schon lange über die Zuständigkeit für den Schutz der Grenze hinausgewachsen war. Damit ich selber besser verstand, wohin ich da geraten war, musste ich mich mit der Geschichte vertraut machen.

Der BGS war 1951 zum Schutz der deutschen Grenze zu Lande, zu Wasser und in der Luft gegründet worden. Zu Beginn hatten die Beamten noch militärische Dienstgrade, also Leutnant, Hauptmann, Major, Oberst oder General, die erst 1976 in die Dienstgrade der Polizeien umgewandelt wurden. Sehr zum Leidwesen einiger älterer Herren. Ab dieser Zeit hießen die Herren und Damen dann aber eben Kommissar, Hauptkommissar, Rat, Direktor und so weiter.

Diesen paramilitärischen Ursprung habe ich noch in den Achtzigerjahren zu spüren bekommen, als ich einen Polizeioberrat im BGS als Zeugen vernehmen wollte. Ich meldete mich in seinem Vorzimmer an und der Kollege, der meinen Gesprächswunsch nach genauem Studium meines Dienstausweises per Telefon weitergab, tat dies mit folgenden Worten:

»Herr Oberstleutnant, hier ist ein Herr Hauptkommissar, der den Herrn Oberstleutnant zu sprechen wünscht.«

Dabei war er an seinem Schreibtisch aufgestanden und hatte Haltung angenommen, obwohl ihn niemand außer mir sehen konnte. Es war keine absolute Ausnahme, dass einige der älteren Herren die neue Bezeichnung »Polizeioberrat« von ihren Untergebenen nicht hören wollten und sie anwiesen, sie weiterhin mit zum Beispiel »Herr Oberstleutnant« anzusprechen.

Als ich nun 2005 in diese Behörde wechselte, war das bereits Vergangenheit, aber die fast militärischen Regeln, die ich als Kriminalbeamter nicht kannte, waren noch nicht alle ausgestorben. Ich bekam eine Uniform - sowas hatte ich in den über dreißig Jahren meiner bisherigen Dienstzeit nicht gehabt - und musste auf einmal lernen, wie man die zu tragen hatte.

Es gibt noch heute sogenannte Kleidervorschriften in Schriftform, die einem Beamten genau erklären, welches Unterhemd unter das kurzärmelige Hemd zu tragen ist, dass das langärmelige Hemd nur mit Krawatte getragen werden darf oder dass man ein Dienstgebäude nur mit Kopfbedeckung verlassen darf. Wussten Sie, dass ein uniformierter Bundespolizist zwar eine Kopfbedeckung aufhaben muss, aber in Uniform selbst bei starkem Regen keinen Schirm benutzen darf? Tatsache!

Noch zwei Jahre vor meiner Pensionierung wurde ich einmal ziemlich schief angesehen, als ich meinen kleinen Ohrstecker zur Uniform trug. Ich muss zugeben, ich habe diese Regeln nie so wirklich ernst genommen, unter anderem auch deshalb nicht, weil ich mir immer gedacht habe: Lieber ein Polizist in Uniform und ohne Mütze unterwegs als ein Polizist in Zivil, den niemand erkennt und somit auch nicht um Hilfe bitten kann.

Aber so eine Uniform hat ja auch was für sich ... speziell bei Frauen. Meine Ehefrau hat mir relativ schnell bestätigt, dass ich in Uniform »richtig scharf« aussähe.

Gut, dass ich die Uniform erst mit fünfzig begonnen habe zu tragen, weil ich da schon ein wenig abgeklärter war.

Es war ein Riesenschritt von der Behörde mit 5.000 Mitarbeiterinnen und Mitarbeitern an lediglich drei Standorten, in eine Organisation mit 40.000 Kolleginnen und Kollegen zu wechseln, die über die gesamte Bundesrepublik verteilt sind. Ich musste die Namen von Standorten lernen, von denen ich noch nie gehört hatte und keine Ahnung hatte, in welchem Bundesland sie überhaupt lagen. Ich musste Begriffe lernen, die mir zunächst rein gar nichts sagten. Wenn mir jemand erklärte, dass ein BefKW ein Befehlskraftwagen sei, half mir das nur bedingt. Was zum Teufel ist ein Befehlskraftwagen? Und das war nur ein Begriff von Hunderten.

Aber ich war ja lernwillig und kämpfte mich durch die Regeln und Organisationsstrukturen, die Hierarchien, Zuständigkeiten und Namen. Und ich trug die Uniform mit Stolz. Nach dreißig Jahren als Kriminalbeamter wurde ich nun zu jemandem, der sofort als Polizist erkennbar war. Das ist meines Erachtens für alle, die diesen Beruf ernstnehmen, nicht nur für sie selbst wichtig, sondern auch ein hilfreicher Baustein in

unserem ach so schwachen Sicherheitssystem.
Allerdings musste ich schnell feststellen, dass
auch in dieser Polizei jede Menge Menschen
arbeiten, die es mit der Berufsehre - oder wie
einer meiner guten Chefs immer sagte: Berufs-
Ethos - nicht so genau nehmen.

Dazu muss ich vorausschicken, dass es eine
Vereinbarung mit der Bundesbahn gibt, dass
Polizeibeamten in Uniform die Bahn kostenlos
benutzen dürfen ... schließlich steigert die
Präsenz von Uniformierten ja die Sicherheit in der
Bahn und auch in allen anderen öffentlichen
Verkehrsmitteln. Da viele meiner Kollegen und
Kolleginnen teilweise recht weite Strecken vom
Wohnort bis zu Dienststelle reisen müssen,
kommt ihnen die oft als »blaue Fahrkarte«
bezeichnete Uniform sehr entgegen. Mein
Verständnis hörte stets dann auf, wenn ich
mitbekam, dass die gleichen Personen in der
Mittagspause die Uniform auszogen, wenn sie die
Pause dazu benutzten, in die Stadt zu gehen, um
Erledigungen zu machen. Warum?

Das ist leicht zu erklären. Wenn Sie einmal
in einer blauen Uniform auf einem Bahnsteig
stehen und auf ihren Zug warten, werden Sie
feststellen, dass viele ältere Menschen aber auch
viele Ausländer und Touristen, die verzweifelt eine

Auskunft suchen, sich vertrauensvoll an Sie wenden werden.

Nun gut, werden Sie sagen, dafür ist die Polizei doch schließlich da, um den Menschen zu helfen. Das sieht aber leider nicht jeder so, denn schließlich ist es lästig, kostet Zeit, hält mich von irgendwas anderem ab oder ich habe gerade mal keine Lust, jetzt auch noch für »Wildfremde« Informationen einzuholen, die man selbst nicht hat oder zuzugeben, dass man etwas nicht weiß. In der Regel wird man nämlich auf dem Bahnsteig nach Zuginformationen befragt.

Ich war entsetzt, als ich einmal mitbekam, dass ein uniformierter Kollege eine ältere Dame, die ihn nach einem Zug gefragt hatte, sehr barsch anfuhr: »Hallo! Geht's noch? Können Sie nicht lesen?«, wobei er erbost mit einem Finger auf den Schriftzug »Polizei« auf seiner Uniform deutete. »Steht hier Bahn drauf, oder was?« Kopfschüttelnd wandte er sich ab und ließ die arme Dame stehen.

Sachen gibt's, die glaubt man kaum.

Auf der Straße geht es meistens eher darum, wo sich eine Straße oder ein Amt befindet. Auch schrecklich lästig ... zumindest, wenn man nicht der hilfsbereite Typ ist.

Darüber hinaus hat die Uniform im Alltag noch einen enormen Nachteil: Man kann sich angesichts einer beobachteten Straftat, etwa der Belästigung von Mitbürgern durch Betrunkene oder Rowdys nicht so einfach davonstehlen, ohne dass jemand misstrauisch wird. Echt blöd!

Ich war auch verblüfft und konnte es zunächst nicht glauben, als mir Kollegen, die regelmäßig mit der Bahn fuhren, von dem einen Kollegen des gehobenen Dienstes - seines Zeichens ein Polizeihauptkommissar - erzählten, der fast jeden Morgen mit ihnen im Zug saß. Immer dann, wenn sich ein Zugbegleiter näherte, stelle er sich schlafend, denn es könne ja sein, dass der Zugbegleiter ihn um Hilfe ansprechen könnte, weil wieder ein Betrunkener randalierte oder jemand ohne Fahrkarte angetroffen wurde. Einmal soll er es verpennt haben, sich rechtzeitig schlafend zu stellen und wurde dann eben leider doch von dem Zugbegleiter angesprochen. Er zog sich gleichermaßen elegant wie unverschämt aus der Affäre, indem er sagte: »Ach wissen Sie, wenden Sie sich doch bitte an den Kollegen da drüben, den vom mittleren Dienst, der macht das regelmäßig und kennt sich viel besser aus.«

Da ich den Kollegen im Laufe der Jahre besser kennenlernen durfte, ist diese Geschichte für mich quasi verbürgt: Nichts Anderes hätte ich von ihm erwartet.

Traurig, aber wahr.

Die persönliche Krönung zum Thema Uniform erlebte ich in einem Supermarkt, als ich auf dem Heimweg noch schnell ein paar Einkäufe machte. Hinter mir in der Kassenschlange stand eine Frau mit einem Kind, etwa drei oder vier Jahre alt, das keine Ruhe geben wollte und ständig quengelte. Schließlich sagte die Mutter in einem drohenden Ton: »Wenn du jetzt nicht gleich Ruhe gibst, sag ich das dem Polizisten da und dann nimmt der dich mit!«

Ich muss zugeben, dass mir in diesem Fall tatsächlich der Kragen geplatzt ist und ich sie vor allen anderen Kunden gefragt habe, ob sie nicht mehr alle Tassen im Schrank habe. Wie sie es verantworten könne, ihrem Kleinkind Angst vor der Polizei zu machen, und was sie wohl sagen würde, wenn ihr Kind einmal in Schwierigkeiten wäre und dann aus Angst vor dem Polizisten diesen nicht um Hilfe bitten würde.

Ich weiß nicht, ob ich bei der Frau etwas bewegt habe, aber ich musste meinem Unmut und der Enttäuschung über eine solch kurzsichtige Einstellung wirklich einmal Luft machen.

Grundsätzlich war die Arbeit, für die ich in die Behörde geholt worden war, sehr interessant, fordernd und letztendlich erfolgreich. Mit Hilfe anderer Kollegen schaffte ich es, innerhalb von zwei Jahren eine moderne IT-Organisation aufzubauen, die es noch heute gibt. Ich lernte viele neue und vor allem nette Kolleginnen und Kollegen kennen, viele hilfsbereite, allerdings auch einige hilflose, die teilweise nicht wussten, was sie da eigentlich taten oder tun sollten.

Relativ früh erkannte ich auch, dass der Kontakt zu anderen Behörden bisweilen einen Unterhaltungswert hatte, der für viele Unzulänglichkeiten entschädigte - wie man dem abgebildeten Schreiben (eine E-Mail) entnehmen kann. Ich weiß bis heute nicht, was im Kopf des hochrangigen Beamten des Beschaffungsamtes vorgegangen sein mag, als er die Mail schrieb, aber sie hatte sofort einen Ehrenplatz an meiner Pinnwand erhalten. Grundsätzlich ging es lediglich um die Verlegung eines Besprechungstermins:

```
AG IT-Sicherheit
Bundespolizeidirektion
Roonstr. 13, 56068 Koblenz
Tel.: 0261/
E-Mail:                    @polizei.bund.de
> -----Ursprüngliche Nachricht-----
> Von: Michael        [mailto:michael      @bescha.bund.de]
> Gesendet: Donnerstag, 21. Juli 2005 16:49
> An:
> Betreff: AW: TerminverschiebunG
>
> Hallo Herr
>
> ein Tag nach vorne verschieben würde gehen (auf den 26.07), eine
> Verschiebung auf Donnerstag (28.07) geht bei mir leider nicht.
> Alternativ kann ich Ihnen noch den Freitag (29.07.2005) oder Montag
> den 32. Juli anbieten (33. Juli geht wiederrum nicht).
>
> Mit freundlichen Grüßen
>
> Michael
>
> Beschaffungsamt des Bundesministeriums des Innern
>
> Postfach 30 01 55, 53181 Bonn
> Sankt Augustiner Str. 86, 53225 Bonn
```

Ob der Termin am Ende nun doch am 33. Juli oder gar am 34. oder 35. stattfand, weiß ich heute leider nicht mehr. Aber ich war mir damals schon sicher, dass ich noch viel Spaß bei dieser Arbeit haben würde - was sich letztendlich bestätigt hat.

Der sogenannte Amtsschimmel wiehert ja bei allen Behörden und es gibt unzählige Bücher über Stilblüten aus dem Beamtentum, aber ich hatte mir immer vorgestellt, dass in der Verwaltung einer Polizeibehörde auch Leute sitzen, die irgendwie verinnerlicht haben, dass sie

»Mitarbeiter bei der Polizei« sind, also ein bisschen mitdenken, bevor sie handeln. Ha, ha, werden Sie sagen, seit wann denkt denn ein Beamter?

In besonderen Einzelfällen muss ich Ihnen leider zustimmen, und das erfuhr auch der Kollege, dem ein peinliches Missgeschick passierte. Als ordentlicher und reinlicher Deutscher dreht man sich auf der Toilette nach Verrichtung eines großen Geschäfts um, spült ab und versichert sich, ob man nicht mit der Toilettenbürste nachreinigen muss. Besagter Kollege tat dies auch, allerdings fiel ihm dabei noch während des Spülvorganges sein Dienstausweis aus der Hemdtasche - und war weg, ehe er es verhindern konnte.

Ein solches Missgeschick ist ja an sich schon peinlich, da es sich aber um ein dienstliches Dokument handelte, kam er nicht umhin, eine Verlustmeldung zu schreiben, da ja mit einem solchen Dokument unter Umständen Schindluder getrieben werden könnte und er auch einen Grund angeben musste, warum er einen neuen Ausweis brauchte.

Wahrheitsgemäß schilderte er den gurgelnden Abgang seines Ausweisdokumentes und war der Meinung, damit sei alles gesagt.

Weit gefehlt!

Postwendend erhielt er das von ihm ausgefüllte Formblatt zurück, mit dem Hinweis, die gemachten Angaben seien nicht ausreichend. Einige der erforderlichen Felder seien nicht ausgefüllt worden und eine reine Prosa-Darstellung des Geschehens reiche auf keinen Fall aus. Er wurde von einem Mitarbeiter aus der Verwaltung aufgefordert, folgende – noch offenen – Fragen wahrheitsgemäß zu beantworten:

- ist Ihnen bekannt, wo sich das Dokument momentan befindet?
- besteht die Gefahr, dass Ihnen das Dokument bewusst und in betrügerischer Absicht entzogen wurde?
- können Sie ausschließen, dass das abhandengekommene Dokument zur Ausübung von Straftaten missbraucht werden könnte?

Lieber Leser, liebe Leserin, nehmen Sie sich die Zeit, um in Ruhe darüber nachzudenken.

Am besten nähern Sie sich diesem Thema, indem Sie sich fragen: Wie hätte ich in so einem Fall reagiert oder was hätte ich geantwortet? Egal wie Sie persönlich reagieren oder antworten würden, angesichts solcher Blödheit könnte es auf keinen Fall verkehrt sein.

Mir war damals schon klar, dass es eine sehr, sehr lustige Zeit werden würde, dessen war ich mir sicher.

Natürlich hatte ich nicht nur wegen meiner Verärgerung über die Personalpolitik beim BKA gewechselt oder wegen der neuen interessanten Aufgabe. Nein, man hatte mir auch bei einem Wechsel zum BGS die nächste Beförderungsstufe versprochen, was einen nicht unerheblichen finanziellen Vorteil darstellte ... dargestellt hätte, genauer gesagt.

Halten Sie mich ruhig für blauäugig, aber mit über 50 durfte ich erneut feststellen, wie viel man auf die Versprechungen von Leuten geben kann, die nicht mehr da sind, wenn das Versprechen eingelöst werden müsste. Es ist eigentlich gang und gäbe, dass solche Versprechungen in den wenigsten Fällen eingehalten werden ... aber es ist ein enormer Ansporn, wenn sie ausgesprochen werden. Nach über vier Jahren, in denen rein gar nichts passiert war, obwohl man mir regelmäßig gute Arbeit attestierte, hatte ich genug. Ich setzte meinem Chef die Pistole auf die Brust (natürlich nur bildlich gemeint) und teilte ihm mit, dass er sich meine Arbeitsleistung an den Nämlichen schmieren könne, wenn nun nicht bald etwas passiert.

Entgegen meinen inzwischen sehr zurückgeschraubten Erwartungen wurde ich ein halbes Jahr später in den Rang eines »Ersten Polizeihauptkommissars« befördert. Ich war nicht nur angenehm überrascht, sondern fragte mich auch, warum ich nicht schon früher ein wenig selbstbewusster aufgetreten war.

***

Auf meinem Weg durch die Bundespolizei begleiteten mich doch recht viele hoch motivierte und sowohl fachlich als auch menschlich beachtliche Kolleginnen und Kollegen. Es gab aber auch ... die Anderen!

Von den hilflosen und teilweise nicht durch herausragende Leistung glänzenden Kollegen sind mir zwei in besonders guter Erinnerung.

Der Erste dieser beiden war Verwaltungsbeamter, der aufgrund seiner Aufgabenstellung schon mal ab und zu auf Dienstreise hätte gehen müssen. Die Bundespolizei hat nun mal Standorte in der ganzen Republik und so kann es passieren, dass man von Hamburg bis München, von Trier bis Frankfurt/Oder oder eben irgendwo dazwischen mal hinreisen muss ... ich sollte eher sagen: müsste!

Besagter Kollege hatte nämlich eine tolle Ausrede parat, warum er keine Dienstreisen machen konnte - unter gar keinen Umständen: Er sei ledig, lebe alleine, halte sich aber in seiner Wohnung zwei Frettchen (das sind diese liebenswerten kleinen Tierchen, die ein bisschen Mardern ähneln), die er nicht länger als einen Arbeitstag und schon gar nicht über Nacht alleine lassen könne. Ende der Begründung!

Als ich mitbekam, dass dieses Argument tatsächlich akzeptiert wurde, brach für mich fast eine Welt zusammen. Was hatte ich über all die Jahre nur falsch gemacht? Ach ja ... ich hatte eine Partnerin und Verwandte und Freunde, die sich im Zweifel um unseren Hund hätten kümmern können, also habe ich mir meine Ausrede wohl ganz alleine kaputtgemacht. Selber schuld!

Der zweite Kollege war das, was man in unseren Kreisen den »absoluten Härtefall« nannte. Trotz seines jugendlichen Alters von unter 30 hatte er es schon geschafft, von Arbeitsbereich zu

Arbeitsbereich weitergereicht worden zu sein. Nachdem er eine kurze Zeit bei uns war, wusste auch jeder, warum.

Mal abgesehen davon, dass er fachlich nicht viel drauf hatte, glänzte er noch durch eine bisweilen geistige Abwesenheit, die immer wieder die Vermutung aufkommen ließ, er befände sich gerade in einem Paralleluniversum. Seine Vorliebe für Rollenspiele, aber nicht im Sinne von »50 Shades of Grey«, sondern eher Fantasy-Spiele mit Rittern, Zauberern, Hexen, Elfen und so weiter, förderte diesen Verdacht nicht unerheblich.

Total frustrierend und sehr nervig für sein gesamtes Umfeld war aber seine sowohl sprachliche als auch schriftliche Ausdrucksweise. Sie ist nicht nachahmbar und auch kaum zu beschreiben. Am nächsten käme man der tatsächlichen Situation mit Beschreibungen wie »wirr, zusammenhanglos, unsortiert, unverständlich, wie von einer anderen Welt«.

Als ich ihn einmal darauf hinwies, dass es von Vorteil sei, wenn man in Mails, ganz besonders wenn sie sogar das nähere Umfeld verlassen und von Fremden gelesen werden, vielleicht ein wenig auf Rechtschreibung achten würde, erntete ich große Augen und die unschuldige Frage: »Warum?«

Da ich angesichts solcher Ignoranz nur selten meine Emotionen im Griff hatte, schrie ich ihn an: »Weil es Scheiße ist, wenn man den Eindruck hat, da schreibe ein Analphabet im gehobenen Dienst, der zwar einen deutschen Namen, aber offensichtlich die Sprache nie gelernt hat.«

Ich erntete nur erstauntes Kopfschütteln.

Ein Vorgesetzter nahm mich kurz darauf zur Seite und teilte mir lächelnd mit, ich solle doch nicht so pingelig sein, immerhin sei der Kollege hier als Beamter und nicht als Schriftsteller.

Ich frage mich, ob ich schon damals ahnte, was einmal aus mir werden würde.

Da man mit Vorgesetzten nicht despektierlich spricht, habe ich mir verkniffen, den Kollegen auf die Wichtigkeit einer richtigen Zeichensetzung hinzuweisen. Seit vielen Jahrzehnten ist mir das Paradebeispiel für den Wert eines Kommas und welche verheerende Auswirkung es haben kann, wenn man es weglässt, bekannt.

Beispiel:

»Was willst du schon wieder?«   und

»Was, willst du schon wieder?«

Über die feinen Unterschiede dieser zwei Fragen muss ich mich wohl nicht näher auslassen.

Nach mehrmaliger Ansprache, dass Zeichensetzung wichtig und es eines Beamten des gehobenen Dienstes unwürdig sei, die Zeichensetzung nicht mal ansatzweise zu beherrschen, nahm er sich ein Herz ... und zahlreiche Kommata ... schüttelte diese offensichtlich in übereinandergelegten Händen kräftig durch ... und verstreute sie mehr oder weniger sinnlos über seine Texte. Das hatte zur Folge, dass man nun gelegentlich Schreiben mit ähnlich wirrem Inhalt wie nachfolgend dargestellt lesen konnte:

»Ich, bin der meinung das es, keinen sinn macht wenn, ich glaube ich tue doch mehr Kommas rein oder .?«

Ich gebe an dieser Stelle offen und ehrlich zu, dass ich anlässlich eines solchen Textes dann irgendwann aufgegeben habe.

Einmal dachten wir mehrheitlich, wir wären ihn endlich los, was sich jedoch als Trugschluss herausstellte. Mehrfach schon war er von Kollegen in seinem Einzelbüro erwischt worden, wie er kleine Zinnfigürchen fein säuberlich bemalte. Grundsätzlich habe ich gegen ein solches Hobby nichts einzuwenden, aber eben als Hobby und nicht während der Arbeitszeit im Büro. Das alleine hätte allerdings höchstens zu einer kleinen Ermahnung gereicht. Der Höhepunkt kam, als er an einem zugegebenermaßen sehr heißen Sommertag bei geöffneter Zimmertür mit nacktem Oberkörper an seinem Schreibtisch saß.

Ich weiß nicht, was die Kollegin dachte, die just zu dieser Zeit an seinem Zimmer vorbeiging, aber sie muss sich doch schon sehr erschrocken haben, denn sie beschwerte sich bei unserem Vorgesetzten und nahm auch das Wort »sexuelle Belästigung« in den Mund.

Das war's dann, dachten wir freudig erregt. Allerdings ging unsere Erregung sehr schnell zurück, als ... gar nichts passierte. Die Sache wurde unter den sprichwörtlichen Teppich gekehrt und nie wieder erwähnt.

Es könnte damit zu tun gehabt haben, dass besagter Vorgesetzter ein »Spielgefährte« des unsäglichen Beamten war. Nein, nicht was Sie jetzt schon wieder denken! Spielgefährte im Sinne von Teilnehmer an diesen bereits erwähnten

Rollenspielen, also eher ein »Kampfgefährte« oder wie auch immer man das in diesen Kreisen nennt.

***

Etwa zwei Jahre vor meiner Pensionierung wurde ein neues IT-Projekt aufgelegt. Eine große Softwareumstellung zusammen mit einer namhaften Firma, die bekannte Software herstellt und für teures Geld verkauft ... auch an Behörden. Es erschien mir reizvoll, meine berufliche Laufbahn mit einem so interessanten Projekt abzuschließen.

Na ja, hinterher ist man immer schlauer.

Der Unterschied zwischen Behörden und Firmen der Privatwirtschaft ist im Wesentlichen der, dass eine Firma überleben will und deshalb sehr sorgsam mit Ressourcen und Geld umgeht. Nach dem sicherlich zutreffenden Spruch »Zeit ist Geld« wird nicht lange gefackelt, sondern gemacht. Man ist ja auf Gewinn aus und es ist nicht umsonst ein geflügeltes Wort, wenn man sagt: »Wenn das (die Behörde, das Amt) eine Firma wäre, wären die schon lange in der Insolvenz.« Aber woran liegt das denn?, werden Sie fragen und ich will Ihnen gerne eine Antwort aus meiner Sicht geben.

Das größte Manko in Behörden ist, dass nicht von denen die Entscheidungen getroffen werden, die die meiste Ahnung haben, sondern von denen, die auf der richtigen Entscheidungsposition sitzen. Wenn Sie aufmerksam gelesen und auch noch ein gutes Gedächtnis haben, dann erinnern Sie sich an das Peter-Prinzip (suchen Sie nicht lange, es steht auf Seite 5), was die Ursache für doch recht viel Inkompetenz an entscheidenden Positionen ist. Dies ist der Grund, warum so viele Projekte sich in unglaubliche Längen ziehen und es oft monate- oder jahrelang nicht wirklich weitergeht. Dies geschah auch bei dem neuen Projekt, an dem ich nun beteiligt war.

Aus dieser Zeit stammen zwei Begrifflichkeiten, die ich immer öfter in den Mund nehmen musste: Der SAbtA und der Kompetenz-Simulant.

Die Abkürzung SAbtA steht für »Sicheres Auftreten bei totaler Ahnungslosigkeit« und stellt ein weit verbreitetes Phänomen dar. Ab einem gewissen Rang scheint es unter der Würde der Damen und Herren zu sein, zuzugeben, dass man etwas nicht weiß oder nicht beherrscht und sich deshalb tatsächlich mal auf die Fachleute verlassen muss. Was tut man also? Man stellt einfach mit fester Stimme Behauptungen auf ... egal ob sie zutreffen oder nicht.

Noch schlimmer stellt es sich dar, wenn man bei der Abgabe von Zwischenberichten zum Stand eines Projektes einfach lügt ... was leider keine Seltenheit ist.

»Es ist alles im grünen Bereich, wir kommen gut voran!«, war die häufigste Lüge gegenüber unseren noch höheren Vorgesetzten, wenn in regelmäßigen Abständen über den Fortgang berichtet werden musste. Und das zu Zeiten, in denen bei mir alle roten Warnlichter angingen.

Als mir das alles zu bunt wurde, ließ ich mich etwa ein Jahr vor meiner Pensionierung dazu hinreißen, eine Mail zu schreiben, in der ich um meine Demission, also die Befreiung von allen Aufgaben in dem Projekt bat, und den Hinweis einbaute, man solle doch auf »die Kompetenz-Simulanten bauen, die ständig ungefragt das Maul aufreißen.«

Dachte ich beim Schreiben eben dieser Mail noch, ich könnte vielleicht einen Vorgesetzten wachrütteln und als Ergebnis käme am Ende heraus, dass man die Kompetenz-Simulanten entfernt und mich mit der Aufgabe betraut ... wurde ich sehr schnell eines Besseren belehrt.

Meine Bitte um Demission war erfolgreich!

Ab diesem Tag hatte ich wieder ein ruhigeres Leben und wurde mit einfachen Aufgaben betraut, die mir einen regelmäßigen Feierabend garantierten, keinen Stress machten und mir keine schlaflosen Nächte bereiteten, wie ich sie kurz vor der Mail gehäuft hatte.

Folgende Konversation soll einen Eindruck davon geben, wie sich die Situation darstellte und warum ich zu diesem Mittel gegriffen hatte:

Chef: »Welche Ergebnisse haben wir denn vorzuweisen?«
Mitarbeiter: »Leider keine.«
Chef: »Wieso das denn? Ich muss demnächst wieder Bericht erstatten, da möchte ich was vorführen.
Mitarbeiter: »Es gibt nichts vorzuführen (legt die Gründe dar).
Chef: »Ich will nicht hören, warum was nicht geht, ich will Ergebnisse sehen.«
Mitarbeiter: »Was soll ich denn machen?«
Chef: »Ist mir egal, machen Sie irgendwas, Hauptsache ich habe Ergebnisse vorzuweisen.«
Mitarbeiter: »Aber was soll ich denn machen?«

Chef: »Das weiß *ich* doch nicht, machen Sie einfach was!«

Das klingt ziemlich erfunden, aber ich verbürge mich dafür, dass sich die Unterhaltung genau so abgespielt hat. Beängstigend, oder?

Aber die Krönung kam kurz darauf, als man nun gezwungenermaßen sogenannte »Quick-Wins«, auf Deutsch, schnelle Erfolge, vorzeigen musste. Dazu muss ich erklären, dass es sich bei der einzuführenden Software um eine Anwendung handelte, in der man ähnlich wie im Internet ein Formular ausfüllen musste, dann auf einen Knopf klickte, ein bestimmtes Ergebnis erscheinen sollte und weitere Daten eingeben musste, um weitere Ergebnisse zu erzielen. Um die »Quick-Wins« darzustellen, bediente man sich eines seit vielen Jahren beliebten Tricks:

Man bastelte mit einer Präsentationsversion, Bildschirmfotos und einem Grafikprogramm täuschend echt aussehende Masken und Ergebnisse, die man dann in einer Präsentation vorzeigen konnte ... und man betete, dass nicht eine Live-Demonstration verlangt werden würde.

Sie fragen sich, ob das geht?

Und ob das geht! Gleiches wurde bereits viele Jahre zuvor einmal mit einem Minister erfolgreich praktiziert, der zu einer Einführung eines neuen bundesweiten Programms den berühmten »roten Knopf« drücken sollte, aber man in Wirklichkeit noch nicht so ganz fertig war.

Ich gehe davon aus, dass Innenminister Schily es nicht bemerkt hat, denn wenn, dann wären Köpfe gerollt. Heute kann man das sagen, denn die Verantwortlichen sind schon lange nicht mehr im Dienst. Es war ja auch so, dass das neue Programm wenige Tage später wirklich in Betrieb ging. Also konnte man sich einreden, dass man ja nur ein klein wenig der Zeit und dem als sicher geltenden Ergebnis vorgegriffen habe.

Einen Sachverhalt habe ich noch gar nicht angesprochen: Das sowohl beim BKA als auch in der Bundespolizei üblicherweise praktizierte ›Beurteilungs(un)wesen‹. Dazu muss man wissen, dass alle Beamten in regelmäßigen Abständen eine Beurteilung durch ihre Vorgesetzten bekommen, die dann als Grundlage für etwaige Beförderungen herangezogen werden. Diese Beurteilungen funktionieren nach einem Punktesystem von 1 bis 9 Punkten. Dazu muss man wissen, dass 5 Punkte die absolute Mittelmäßigkeit darstellen und 9 Punkte den Super-Duper-Alleskönner-Beamten. Da man ja nun nicht Äpfel mit Birnen vergleichen kann, werden immer Beamte einer sogenannten Vergleichsgruppe miteinander verglichen, also Hauptkommissare mit Hauptkommissaren, Obermeister mit Obermeistern und so weiter. Das führt zu der rein statistisch richtigen, aber in der Realität unsinnigen Formel: In einer Vergleichsgruppe können nicht alle gleich gut sein, es gibt immer herausragende, mittelmäßige und unterdurchschnittliche Beamte.

Diese Sichtweise bedenkt allerdings nicht die sicherlich zutreffende Aussage, dass bekanntlicherweise der Einäugige unter den Blinden ja König sein kann. Wenn ich also das Glück habe, als durchschnittlicher Beamter in einer Vergleichsgruppe von lauter Nullen zu sein, dann kann ich natürlich auch eine sehr gute Beurteilung bekommen. Im Umkehrschluss heißt es aber auch, dass ich als guter Beamter in einer Vergleichsgruppe von sehr guten Beamten eben Pech gehabt habe. Solche Argumente wurden über Jahre hinweg immer mit der Begründung abgetan, dass sich das schon irgendwie relativiere.

Auf jeden Fall werden feste Grenzen vorgegeben, wie viel Prozent der Mitarbeiterinnen und Mitarbeiter aus einer Vergleichsgruppe welche Beurteilung bekommen dürfen. Sie lesen richtig, wenn Sie in einer Vergleichsgruppe von zehn Leuten wären, kann nur einer die beste Note, also 9 Punkte bekommen - Ende, aus, Feierabend. Und wenn Sie nicht gerade zu den Hoffnungsträgern gehören, aber auch nicht wirklich schlecht sind, können Sie trotzdem Pech haben, denn rein statistisch muss es doch einen Schlechtesten geben, oder?

Fangen Sie an, diesen Irrsinn zu begreifen?

Sie verstehen noch nicht mal die Hälfte. Dazu ein weiteres Beispiel: Ab dem Alter von 55 Jahren muss man sich nicht mehr beurteilen lassen. Ich stand also auf einmal vor der Wahl und musste eine Entscheidung treffen. Wofür sollte eine Beurteilung für mich noch gut sein? Ich hatte das Ende der Karriereleiter erreicht, konnte nicht mehr befördert werden, also konnte ich auch auf eine Beurteilung verzichten.

Ich wurde eines Besseren belehrt, als der erste Kollege mich ansprach und mich ziemlich verärgert darauf aufmerksam machte, wie unsozial ich doch sei.

Hallo? Ich und unsozial? Wieso das denn?

Ganz einfach: Man erwartete von mir, dass ich mich als Quotenopfer hergab, also, dass ich eine schlechte Beurteilung einfach akzeptiere, damit ein Anderer in meiner Vergleichsgruppe eine bessere Beurteilung bekommen konnte, schließlich könne mir ja nichts mehr passieren und ich hätte keinen Nachteil durch eine richtig schlechte Beurteilung.

Das habe ich natürlich eingesehen und nach dem Motto ›was schert es den Baum, wenn die Sau sich an ihm kratzt‹ tatsächlich zugestimmt, dass man mir auf meine alten Tage noch regelmäßig wirklich so richtig schlechte Beurteilungen gab.
Ich weiß, ich weiß, ich war schon immer ein Held des Volkes. Vielen Dank für Ihr Mitgefühl.

Ein an ungewollter Komik nicht mehr zu übertreffendes Beispiel von Gedankenlosigkeit im Umgang mit Mitarbeitern stellte ein Ereignis dar, dass mich etwas über ein Jahr vor meiner Pensionierung ereilte: Mein 40-jähriges Dienstjubiläum.
40 Jahre ununterbrochen im Polizeidienst, das ist schon was ... dachte ich. Entsprechend waren meine Erwartung an den Ablauf und das Zelebrieren dieses herausragenden Ereignisses. Vieles wusste ich schon im Voraus, so zum Beispiel, dass man eine Urkunde erhält, auf der

einem »Im Namen der Bundesrepublik Deutschland« für die Treue gedankt wird, und die in einem Umschlag mit in Gold geprägtem Bundesadler überreicht wird.

Das Ganze wird bisweilen im Rahmen einer kleinen Feierstunde vom Leiter einer Dienststelle vorgenommen, meist ist ein Fotograf dabei, der Bilder für die behördeninterne Veröffentlichung macht, man wird von vielen Leuten beglückwünscht und üblicherweise wird auch eine Ansprache gehalten, in welcher der Lebensweg des Jubilars aufgezeigt wird. In manchen Fällen wird sogar mit einer Ausnahmegenehmigung trotz des generellen Alkoholverbots während der Dienstzeit ein Gläschen Sekt gereicht.

Wie man sich doch täuschen kann!

Ich hatte zwar nicht wirklich erwartet, dass mir der Präsident unserer Behörde in Potsdam die Urkunde überreichen würde, aber doch wohl zumindest ein Vizepräsident oder wenigstens mein Abteilungsleiter. Als ich dann kurz vorher erfuhr, dass mein unmittelbarer Vorgesetzter, also jemand, den ich eh jeden Tag sah, mir die Urkunde überreichen würde, wollte ich schon auf den formellen Akt verzichten. Aber er ließ sich nicht abhalten, doch an dem Tag der Tage kurzfristig ein paar Leute aus meiner Truppe zusammenzutrommeln und in seinem Büro den Versuch zu starten, einen richtig schönen Tag für mich daraus zu machen - wie gesagt ... den Versuch.

Es war kein Fotograf anwesend, es gab nichts zu trinken und mein Chef begann dann vor versammelter »Rumpf«-mannschaft sich eine Laudatio zusammenzustammeln, die ich versuchen will, so wörtlich wie möglich wiederzugeben:

»Ja, mein lieber Herr Bodenstein, das ist ja wirklich mal ein Anlass, den man feiern muss. Ich habe mir heute Morgen mal von der Personalstelle ihre Karrieredaten liefern lassen wollen, aber da ist ja nicht wirklich viel über Sie bekannt (man beachte die frühzeitige Vorbereitung auf den seit Wochen bekannten Termin). Sie sind ja jetzt seit (Datum) bei uns ...«

Einwurf von mir: »Leider falsch!«

»Ach was, ... äh ... ach so ... na ja, Sie wurden am (Datum) zum Hauptkommissar befördert ...«

Einwurf von mir: »Leider falsch!«

»Oh, ja ... was haben die mir denn da für Zahlen genannt? Na ja, über Ihre Vorgeschichte beim BKA war denen leider auch nicht viel bekannt, aber vielleicht können Sie ja mal selbst kurz berichten, was Sie da so alles gemacht haben?«

Einwurf von mir: »Warum haben Sie mich denn nicht im Vorfeld gefragt, dann hätt ich Ihnen die Fakten ja geben können?«

»Ja, dann wäre doch die Überraschung hinüber gewesen!«

Ich will Ihnen an dieser Stelle ein wenig Zeit lassen, laut zu lachen, ungläubig den Kopf zu schütteln oder was Ihnen sonst so angebracht erscheint.

Ich muss zugeben, dass ich so perplex war, dass ich tatsächlich meine eigene Laudatio über mich gehalten habe. Im Nachhinein hätte ich mir in den Nämlichen beißen können, dass mir in diesem Moment nicht Besseres eingefallen ist. Das hatte ich mir alles etwas anders vorgestellt, aber zumindest stimmten dann wenigstens die Daten und Fakten meines beruflichen Lebensweges.

Da kein Fotograf anwesend gewesen war, gab es auch keine interne Veröffentlichung, aber das war mir dann auch egal, denn die kleine Sonderzahlung, die es für 40 Jahre treue Dienste üblicherweise gibt, war mir dann doch wichtiger: immerhin 400 Euro brutto! Das ist doch schon mal was, oder?

Als ich aber drei Monate später dieses Geld noch nicht auf dem Konto hatte und langsam misstrauisch wurde, wandte ich mich an die Personalabteilung und fragte vorsichtig (man muss im Umgang mit Personalabteilungen immer höflich bleiben) nach, wann ich denn mit dieser Zahlung rechnen könne.

»Üblicherweise im Folgemonat nach dem Dienstjubiläum«, war die beruhigende Antwort. Auf meinen Hinweis, dass dieser Folgemonat bereits um zwei weitere Monate überschritten war, bemühte sich die Sachbearbeiterin zumindest dahingehend, dass sie in ihren Mailausgängen nachsah und mir dann versicherte, dass sie das Bundesverwaltungsamt, welches die Anweisung schreiben müsse, rechtzeitig angemailt hatte (angeblich). Da müsse ich wohl mal beim Bundesverwaltungsamt nachfragen. (Man merke: Es ist immer einfacher eine Arbeit abzudrücken, wenn der Auftraggeber ein eigenes Interesse an der Erfüllung hat)

Das Gespräch mit der dortigen Sachbearbeiterin ergab, dass dort (angeblich) nie etwas eingegangen sei, mithin von meinem Jubiläum überhaupt nichts bekannt sei.

Da ich grundsätzlich nichts Böses über den Wahrheitsgehalt von Aussagen mir gegenüber am Telefon denke, ging ich einfach mal davon aus, dass die (angeblich) verschickte Mail (angeblich) nie beim Empfänger angekommen ist und sich somit vermutlich in den dunklen Tiefen des World-Wide-Webs aus Elektronen in Luft aufgelöst hatte. Kann ja mal passieren.

Dank meines beherzten Eingreifens erhielt ich dann schließlich mit sechs Monaten Verspätung doch noch den beachtlichen Betrag von netto 240,- Euro - was immerhin 6,- Euro pro geleistetem Dienstjahr oder auch 2,7 Cent pro Arbeitstag sind.

Da soll noch mal jemand sagen, dass Treue sich nicht lohnen würde.

Siebte Station: Die Pensionierung

Irgendwann ist auch die schönste Zeit im Leben mal vorbei, gleichgültig, ob es sich um den Urlaub oder eben um das Berufsleben handelt.

Ich kann nicht umhin, all diejenigen zu bedauern, die vor diesem Tag Angst haben, weil sie nicht wissen, was sie dann den ganzen lieben langen Tag machen sollen. Die Kritiker des Beamtentums, die mir immer so nette Dinge erzählt haben, wie: »Du gehst doch nicht arbeiten, du bist doch nur im Dienst! oder »Warum bist du denn heute so müde, warst du nicht im Dienst?«, werden sagen: »Wo ist denn das Problem? Nach der Pensionierung kann ein Beamter doch einfach so weitermachen wie bisher - also nichts tun!«

Ganz so einfach ist es nun doch nicht.

Die Mehrzahl der Kolleginnen und Kollegen, die ich in vierzig Jahren kennengelernt haben, arbeiten tatsächlich und zum Teil wirklich hart. Sie nehmen ihre Aufgaben ernst, teilweise so ernst, dass sie daran zerbrechen. Das nennt man dann in Neudeutsch »Burnout«. Und seit es diesen Begriff gibt, recherchieren teilweise unlustige Beamte im Internet (am liebsten während der Arbeitszeit – Pardon, während der Dienstzeit), was denn da so die Symptome sind und wie man die am besten vortäuscht. Zum Glück sind das die Ausnahmen. Überhaupt habe ich den Eindruck, dass der Begriff »Burnout« heutzutage sehr vorschnell benutzt wird und oft durch »Frust, Unzufriedenheit oder einfach keinen Bock mehr« ersetzt werden könnte.

Viele andere Kollegen geben einfach den Kampf gegen die Windmühlenflügel wie einst Don Quichotte auf und flüchten in die sogenannte »innere Kündigung«. So bezeichnet man es, wenn Mitarbeiterinnen oder Mitarbeiter zwar nicht offiziell kündigen, aber nur noch machen, was ihnen ausdrücklich aufgetragen wird. Ohne es zu hinterfragen, eigene Ideen einzubringen oder zu widersprechen, wenn ein Auftrag unsinnig oder sogar schädlich für die Sache ist. Die Ursache für dieses »Aufgeben« ist im deutschen Beamtentum oft darin begründet, dass in Abhängigkeit von den Vorgesetzten das Einbringen von eigenen Ideen oft unerwünscht ist. Bisweilen kommt es auch vor, dass Beamte eine zündende Idee haben, die sie vortragen und irgendwann feststellen, dass die Idee umgesetzt wurde, die Lorbeeren allerdings ein Anderer eingeheimst hat. Das Schmücken mit fremden Federn hat eine lange und unselige Tradition.

Ich möchte betonen, dass ich zu keiner Zeit eine »innere Kündigung« ausgesprochen habe. Ich habe bis zu meiner Pensionierung alle mir angetragenen Aufgaben gewissenhaft, mit dem nötigen Eifer und sorgfältig ausgeführt. Ich habe sogar noch mehr getan, was mir keinen Beliebtheitspreis eingebracht hat: Ich war kurz vor der Pension, also zu einem Zeitpunkt, zu dem ich nichts mehr werden konnte, das Licht am Ende des Tunnels zu sehen war und nicht mehr vom Wohlwollen der Vorgesetzten abhängig war ... einfach ehrlich.

So richtig ehrlich. Also so ehrlich, dass es einigen Leuten sehr unangenehm war. Es ist ein tolles Gefühl, wenn man seine Meinung offen und ehrlich kundtun kann - allerdings kann das einer Karriere sehr abträglich sein. Es gibt nur wenige Vorgesetzte, die mit der Ehrlichkeit ihrer Mitarbeiter umgehen können.

Selbstverständlich darf man dabei nicht beleidigend oder gar verletzend sein, weshalb ich manchen Kollegen meist nicht wirklich ehrlich gesagt habe, was ich von ihrer Qualifikation halte. Es hätte nichts geändert und ich hätte diesen Leuten nur wehgetan.

Auf jeden Fall freute ich mich auf meine Pensionierung so sehr, wie ich es mir noch zwei Jahre zuvor niemals hätte vorstellen können. Es ist erstaunlich, wie viel sich in wenigen Jahren ändern kann, vor allem, wenn man auf einmal neue Interessen hatte, aber nicht die Zeit, ihnen nachzugehen. Das sollte sich mit der Pensionierung ändern.

Endlich hätte ich Zeit, das zu machen, was mir den meisten Spaß machte - schreiben.

Natürlich hatte ich auch bis dahin sehr viel geschrieben: Vermerke, Berichte, Entwürfe von Vorschlägen für neue Wege oder andere Vorgehensweisen, bisweilen auch mal eine Rechtfertigung, warum etwas so und nicht anders gelaufen war und eben alles, was man im Berufsleben so schreibt.

Als ich aber merkte, dass meine Vermerke, Berichte und Vorschläge keinerlei oder die falsche Reaktion hervorriefen, lag die Vermutung nah, dass sie a) niemand wirklich las, b) keiner ein echtes Interesse an meiner Meinung hatte oder c) man sie nicht verstand, dies aber nicht zugeben wollte.

Somit verlor ich gegen Ende meiner beruflichen Laufbahn schließlich vollständig das Interesse an dieser Art des Schreibens.

Da schreibt man doch lieber einen Krimi, da kann man zumindest davon ausgehen, dass es jemanden interessiert, wer nun der böse Mörder war.

Aber noch war es ja nicht so weit und vor der sogenannten »endlosen Freizeit« waren noch einige Hürden zu überwinden. So ein Abschluss erfordert schließlich Vorbereitung - vor allem bei mir!

Ich war immer ein Vertreter der Gattung »My Büro is My Castle«, also etwa »Mein Büro ist mein Heim«. Immerhin verbringt man so viel Zeit in diesem Raum, dass ich es immer abartig empfang, wenn Kollegen in einem kahlen Raum ohne Bilder an der Wand, ohne kleine Accessoires überall oder persönliche Gegenstände auf dem Schreibtisch dahinvegetierten. Das sind dann Büros, die keinen Rückschluss auf den Bewohner zulassen oder in denen sich fünf Minuten, nachdem der Bewohner verstorben ist, ein anderer Kollege niederlassen kann. Wie langweilig, wie fade.

Wäre ich überraschend verstorben, hätten die Kollegen die traurige Aufgabe gehabt, einen Müllcontainer zu bestellen und mehre Tage lang meine Schränke und Schreibtischcontainer mühsam auszuräumen. Das wollte ich wirklich niemandem zumuten. Also ... gesund bleiben, bis ich es schließlich selbst machen musste.

Mein Büro war stets vollgepflastert mit Bildern meiner Frau, unseres Hundes, meiner Frau mit unserem Hund und teilweise auch meine Frau mit mir und unserem Hund. Zusätzlich wurde das alles ergänzt durch Andenken an alle Reisen, Urkunden über Lehrgänge oder sportliche Leistungen. Natürlich auch Kerzen und Weihnachtsbeleuchtung für die kalte Jahreszeit, verschiedene Pflanzen, Duftstäbchen, Spielzeug für die kleine Pause zwischendurch und, und, und.

Wenn es nach mir gegangen wäre, hätte ich auch noch einen Teppich und Vorhänge gehabt, aber das erschien dann doch zu übertrieben.

Haben Sie eine Ahnung, was sich in vierzig Berufsjahren alles ansammelt? Von den vielen Urlaubsanträgen, Gehaltsmitteilungen (immerhin vierzig Jahre mal zwölf Monate - also insgesamt vierhundertachtzig Blatt), Beurteilungen, Beförderungsurkunden und so weiter. Dann noch die Sammlung von Computerzeitschriften, Hefte von der Gewerkschaft und nicht zu vergessen, die hausinterne Zeitschrift der Bundespolizei, die auch monatlich erschien. Dieses sehr informative

Heft wird intern und in Erinnerung an die Zeiten des Bundesgrenzschutzes nur »die Buscho-Bravo« genannt. Also es gab schon eine ganze Menge zu entsorgen.

Erschwerend kam noch hinzu, dass ich stets zu faul war, den Schriftverkehr zur Beantragung von Büromaterial in Angriff zu nehmen und mir lieber das, was ich zu brauchen meinte, einfach selbst gekauft habe: Stifte, Füller, Kugelschreiber, Notizbücher und -hefte, eine ordentliche Tastatur und eine Funkmaus, nicht so ein blödes Ding mit Schnur, eine Handballenauflage, einen kleinen Kühlschrank, diverse Kaffeebecher und so weiter.

Also hatte ich mir fest vorgenommen, spätestens einhundert Tage vor meiner Pensionierung mit dem Aufräumen anzufangen.

Aber da gab es noch etwas, was die Dienststellen für Beamte in den letzten Zügen ihrer Tätigkeit im Staatsdienst anboten: Seminare für den angehenden Ruheständler. Dort sollte man lernen, wie man mit der vielen neu gewonnenen Freizeit umgehen konnte, ohne der Ehefrau so auf den Wecker zu gehen, dass sie einem letztendlich die Bratpfanne über den Schädel zieht. Dort würde einem erzählt, wie viele schöne Hobbys es gäbe, vor allem den Beamten,

die immer nichts anderes als ihre Arbeit kannten
- ja, das soll es geben. Es gibt tatsächlich Beamte,
die eine solch panische Angst vor dem Ruhestand
haben, dass sie freiwillig ihre Dienstzeit
verlängern.

Also böte man Schulungen an, um all die
Problemfälle aufzufangen und ihnen Anleitung für
den letzten Abschnitt ihres Lebens zu geben.

Zumindest war es das, was mir alle
erzählten. Als ich mich dann aber schlaumachen
wollte und anfing zu suchen, wo es die denn gäbe,
musste ich leider Fehlanzeige feststellen.

Eine Berufsvertretung bot solche Seminare
tatsächlich an, aber ausgerechnet in der war ich
nicht organisiert. Mir blieb somit nichts anderes
übrig, mich selbst davon zu überzeugen, dass ich
eine solche Schulung ja eigentlich überhaupt
nicht brauchte, da mein weiterer Lebensweg -
zumindest in meiner Vorstellung - bereits
vorgezeichnet war.

Also bereitete ich mich auf die kleine Feier
anlässlich meines Abschiedes vom aktiven Dienst
vor.

Aber wie gestaltet man so einen Abschied
aus dem über 41 Jahre andauernden
Berufsleben? Sagt man allen zum Abschied

nochmal richtig die Meinung? Ist man nett zu allen, auch zu denen, die man nicht wirklich vermissen wird oder sogar nicht mal leiden kann? Mindestens ein Jahr lang machte ich mir Gedanken über den Ablauf der Abschiedsveranstaltung, die es einfach geben musste. Wen einladen, wie feiern, wie viel in Essen und Getränke investieren? Alles Fragen, auf die ich im Laufe eines Jahres wechselnde Antworten fand. Mal wollte ich es mit allen Finessen richtig krachen lassen, dann wieder nahm ich mir vor, einfach still und heimlich zu verschwinden. Selten war mir eine Entscheidung so schwer gefallen, und selten hatte meine Meinung zu einem Thema so oft gewechselt.

Über eines war ich mir allerdings sicher: Ich würde eine Abschiedsrede halten und sie würde sich um zwei Themen ranken.

Erstens - um einen Spruch, den ich einem Buch über Todesanzeigen die eine unfreiwillige Komik beinhalteten, gelesen hatte:

»Dich zu verlieren fiel uns schwer, dich zu vermissen noch viel mehr!«

Zweitens - wollte ich eine Bemerkung anbringen, die ein von mir sehr geschätzter

Kollege bereits zwei Jahrzehnte zuvor bei seiner eigenen Abschiedsveranstaltung benutzt hatte:

»Rückblickend auf meine Dienstzeit kann ich guten Gewissens sagen … es gab auch schöne Augenblicke!«

Mir war bereits vor der Veranstaltung klar, dass es einige Kolleginnen und Kollegen geben würde, die mich nicht wirklich vermissen würden. Dazu war ich in der letzten Zeit einfach zu ehrlich gewesen. Die mich vermissen würden, täten es vermutlich hauptsächlich deshalb, weil ihnen ein Garant für gute Stimmung, spitze Bemerkungen und Hammer-Witze verloren gehen würde. Ich war halt schon zu Zeiten, als der Begriff des Comedian noch nicht geprägt war, immer jemand, der andere zum Lachen bringen wollte … und das auch oft geschafft hat.

Ich will es kurz halten: Die Feier war schön, es gab keine alkoholischen Getränke und einige säuerliche Blicke von gewissen Vorgesetzten, als ich meine beiden Sprüche in meine Abschlussrede einbaute.

Den Kollegen, die ich vermissen würde, habe ich es persönlich gesagt und es flossen sogar ein paar Tränchen … vor allem bei mir. Ja, es ist mir bei einigen Personen wirklich schwergefallen, mich von ihnen zu trennen. Aber ich kann mit einem gewissen Stolz und auch ein wenig Zufriedenheit sagen, dass der Kontakt zu genau diesen Personen auch nach inzwischen mehr als drei Jahren nicht abgerissen ist und ich noch immer auf Betriebsausflüge und Weihnachtsfeiern eingeladen werde.

Das entschädigt für Vieles!

Ach ja, mit der Feier war noch nicht das wirkliche Ende erreicht. Das wurde markiert durch die letzten Tage, an denen ich noch die Pflicht hatte, alles abzugeben, was mir der Dienstherr, also die Behörde, für die Dauer meiner Tätigkeit so zur Verfügung gestellt hatte. Dazu zählte unter anderem eben auch die Schusswaffe, die Trillerpfeife und noch ein paar andere Requisiten, die ein ordentlicher Polizeibeamter so braucht.

Und was ist mit der Uniform?, werden Sie fragen.

Als Beamter des gehobenen Dienstes musste ich mir meine Uniform und alles was an Bekleidung so dazugehört, immer selbst kaufen. Das ist einfach so. Also durfte ich die behalten ...

aber ich durfte sie nicht mehr anziehen, zumindest nicht in der Öffentlichkeit.

Da ich nicht vorhatte, zuhause und nur für meine Frau ab und zu die Uniform anzuziehen, habe ich die meisten Teile sehr günstig an Kollegen mit meiner Kleidergröße verkauft oder sogar verschenkt und nur einige Andenken behalten. So zum Beispiel auch die sündhaft teuren Springerstiefel, die ich aber auch privat tragen durfte, weil man ihnen nicht ansah, dass sie zur Polizeiausrüstung gehören.

Ansonsten erhielt ich einen Zettel, auf dem stand, welche Schlüssel ich wann und wo abzugeben hatte und wo ich bis wann welchen Antrag auf Löschung meiner Zugangsdaten zum Computersystem stellen musste.

Alles in allem sehr umfangreich und, wie ich meinte, auch sehr durchdacht.

Zu meiner Überraschung stellte ich erst mehrere Monate später durch Zufall fest, dass anscheinend niemandem aufgefallen war, dass ich meinen Dienstausweis, mit dem ich mich als Polizeibeamter auswies, noch immer in der Brieftasche hatte.

Ups!

Der Ausweis war zwar abgelaufen, aber um das zu bemerken, hätte jemand das Kleingedruckte lesen müssen, wo abgedruckt war, bis wann dieser Ausweis gültig war. Ich spielte kurz mit dem Gedanken, den Ausweis ungefragt auf die Dienststelle zu bringen und abzugeben.

Dann dachte ich mir aber: Warum wartest du nicht einfach ab, ob das eigentlich jemals jemand bemerkt und den Ausweis von dir zurückverlangt?

Genau das habe ich getan ... und warte noch heute.

Sollte irgendwann jetzt doch mal jemand bei mir anrufen oder mir einen Brief zusenden, dass ich gefälligst den Dienstausweis zurückbringen soll, dann bedeutet das vielleicht, dass tatsächlich jemand dieses Buch gelesen hat.

Da ich den Ausweis nicht benutze, sehe ich nichts Verwerfliches darin, ihn als ein schönes Andenken mit einem netten Bild meines jüngeren Selbst vorläufig erstmal zu behalten.

Sie merken, so ganz habe ich mit meinem Dasein als Polizeibeamter wohl doch noch nicht abgeschlossen.

Schlussworte und Danksagung

Ein **wichtiger Hinweis** muss an dieser Stelle unbedingt nochmals gegeben werden, da sonst die Gefahr besteht, dass bei Leserinnen und Lesern ein völlig falscher Eindruck entstehen könnte:

Trotz allem, was Sie bis hier in diesem Buch gelesen haben, darf kein Zweifel daran bestehen, dass sowohl das BKA als auch die Bundespolizei zwei national und international hoch anerkannte und geschätzte Polizeibehörden sind, die einen wichtigen, sehr guten und effektiven Beitrag zur Sicherheit aller Menschen in diesem Land leisten und schon immer geleistet haben. Ich war auch zu jeder Zeit absolut stolz darauf, ein Mitarbeiter dieser beiden Organisationen gewesen zu sein.

Mängel und Unzulänglichkeiten, seien sie fachlicher oder menschlicher Natur, gibt es in gleicher Art mit Sicherheit in fast allen Behörden, Ämtern und auch großen Firmen - nur ... da kann ich halt keine Beispiele nennen.

Ich bin mir auch bewusst, dass ich mir mit meiner »aus dem Nähkästchen-Plauderei« mit Sicherheit die Verdammnis durch so manchen ehemaligen Kollegen und Vorgesetzten zugezogen habe. Sie werden es »unmöglich« nennen, so etwas einer, wenn auch vermutlich nur sehr kleinen, Öffentlichkeit preiszugeben.

Nur bin ich nach wie vor der Meinung, dass es nichts Ehrenrühriges ist, einmal mit Vorurteilen aufzuräumen oder eine falsche Glorifizierung etwas geradezurücken.

Über den manchmal tristen und sehr oft schwierigen und gefährlichen Alltag eines Streifenpolizisten, der sich mit Betrunkenen, pöbelnden Jugendlichen oder aggressiven Ganoven auseinandersetzen muss und dabei ständig sein Leben oder zumindest seine Gesundheit aufs Spiel setzt, gibt es genügend Doku-Serien und ernsthafte Bücher.

Auch war mein Ziel nicht, Mitleid für die Polizei zu erzeugen. Im Gegenteil, ich wollte erreichen, dass Sie, liebe Leserin und lieber Leser, einmal sehen, dass auch ein oft sehr schwieriger Beruf voller skurriler und lustiger Ereignisse sein kann.

Diejenigen, die mich kennen, werden trotz Pseudonym wissen, wer sie da geoutet hat.

All denen, die mich also wegen meiner Ehrlichkeit verdammen, möchte ich Folgendes mit auf den Weg geben:

Ich habe zu keiner Zeit und mit keinem Wort die Institution der Polizei, die fachliche Qualifikation der Behörden Bundeskriminalamt und Bundespolizei oder deren Mitarbeiterinnen und Mitarbeiter bei der Erfüllung ihrer Aufgaben schlechtgemacht.

Wenn ihr ehrlich seid, habt ihr oft die gleichen Missstände und Fehler bemängelt und letztendlich besteht jede Organisation immer aus Menschen, und die sind - selbst bei der Polizei - ein Spiegel der Gesellschaft mit all ihren Mängeln, Fehlern, Schwächen ... und Helden.

Gerade zu dem Zeitpunkt, an dem ich diese Zeilen schrieb, geistert eine Meldung durch Zeitungen, Rundfunk und Fernsehen: »Die Bundespolizei misshandelt Asylbewerber!«

Denen, die solche plakativen Behauptungen aufstellen, und das sind sowohl die öffentlich-rechtlichen Medien wie ARD und ZDF als auch die Klatschpresse, möchte ich einen kleinen Rat mit auf den Weg geben: Wie würden Sie sich als Mitarbeiter einer Zeitung oder einer Nachrichtenredaktion fühlen, wenn überall für Millionen von Zuschauern und Lesern verbreitet würde

»Die Print- und TV-Medien veröffentlichen wissentlich Falschmeldungen!«

Es mag den einen oder anderen Journalisten geben, der es mit seinem Auftrag und seiner Berufsehre nicht so genau nimmt und wissentlich Falschmeldungen verbreitet. Deshalb aber einen ganzen Berufsstand in Verruf zu bringen, halte ich für extrem verwerflich.

Genau so war es aber vermutlich auch in dem genannten Fall der vorgeworfenen Misshandlung von Asylbewerbern durch einen Polizisten.

Schwarze Schafe gibt es in jedem Beruf, sei es der verantwortungslose Journalist, der betrügerische Handwerker, der fahrlässige Chirurg oder der Gelder veruntreuende Banker. Aber immer handelt es sich um Einzelpersonen und genauso wenig wie alle Deutschen fleißig und alle Beamten faul sind, kann ich nicht von Einzelnen auf eine Berufs- oder Volksgruppe schließen.

Es sind diese Meldungen, die einem ganzen Berufsstand schaden und die Mitarbeiter so stark frustrieren, weil alle, die sich täglich redliche Mühe geben, mit einem schwarzen Schaf in einen Topf geworfen werden.

Ich könnte noch heute den genauen Tag und die Stunde beschreiben, an der ich mich entschlossen habe, die von so Vielen leichthin geäußerte Absichtserklärung »Das müsste man mal alles aufschreiben, das glaubt einem ja keiner!«, nun wirklich in die Tat umzusetzen. Ich werde das nicht tun, denn dann würde ich wirklich einigen Leuten sehr weh tun - obwohl ... eigentlich hätten sie es ja verdient.

Der Spruch »Das müsste man mal alles aufschreiben« erinnert mich an einen sehr geschätzten Kollegen bei der Bundespolizei, der in meiner Gegenwart mal gesagt hat:

»Das mag ich so an dieser Behörde. Der »Konjunktiv Plural unbestimmt«, der ist hier der Standardspruch.«

Auf Deutsch übersetzt heißt das nicht anderes als:

Wenn jemand schon sagt: »Da müsste man aber mal was unternehmen!«, dann darf man sowohl die Ernsthaftigkeit der Absicht bezweifeln, als auch die Chance, dass es jemals in die Tat umgesetzt wird.

Die Standardreaktion der meisten Zuhörer auf einen solchen Ausspruch ist:

Laut: »Ja, das stimmt, das müsste unbedingt mal jemand machen!«

In Gedanken: *Ich bin mal gespannt, wer das sein soll. Ich auf jeden Fall nicht!*

Aus diesem Grund möchte ich abschließend allen Behörden, Dienststellen, Vorgesetzten und Kollegen den wirklich gut gemeinten Rat mit auf den Weg geben: »Liebe Leute, also da müsste man wirklich mal was dran ändern!«

Wenn Sie meinen Ausführungen aufmerksam gefolgt sind, dann werden Sie merken, wie sehr ich daran glaube, dass sich zu meinen Lebzeiten an den Verhältnissen noch mal etwas ändern wird.

Polizeibeamte sind eben doch auch nur Menschen, oder?

Danke sagen möchte ich an erster Stelle all den Wegbegleitern, die mir das Futter für dieses Buch geliefert haben, willentlich oder unwillentlich. Dank sei aber auch den Vorgesetzten ausgesprochen, die mich so genervt haben, dass ich letztendlich tatsächlich dieses Buch geschrieben habe.

Vielen, vielen Dank, ihr habt mir, ohne es zu wissen oder auch nur zu ahnen, alle sehr gutgetan.

Von den ungezählten sehr geschätzten Kolleginnen und Kollegen möchte ich exemplarisch folgende Personen herausgreifen und ihnen meinen ganz besonderen persönlichen Dank ausdrücken. Sie waren diejenigen, die mir nicht nur sehr viel beigebracht haben, sondern mich auch auf meinem langen Berufsweg prägend begleitet haben:

Gerhard Boeden †

Karlheinz »Charly« Pähler

Jutta Jung

Adolf »Adi« Ahlefeld †

Rainer Gattung

Ihr habt mir viel gegeben, als Lehrmeister und Freunde. Danke dafür.

Auf keinen Fall vergessen möchte ich meine Autorenkollegin Anke, die das Korrektorat übernommen hat und mir dabei meine Unzulänglichkeit in Sachen „Eigenkorrektur" klargemacht hat.

Vielen Dank!

Ende